# La Tierra que Fluye Leche y Miel

# La Tierra que Fluye Leche y Miel

### Dr. Jaerock Lee

**La Tierra que Fluye Leche y Miel,** por el Dr. Jaerock Lee
Publicado por Libros Urim (Representante: Kyungtae Noh)
73, Yeouidaebang-ro 22-gil, Dongjak-gu, Seúl, Corea
www.urimbooks.com

Derechos de autor © 2014 por el Dr. Jaerock Lee
ISBN: 978-89-7557-926-4
Derechos de traducción al inglés © 2013 por la Dra. Esther K. Chung. Usado con permiso.

Publicado originalmente en coreano por Libros Urim, Seúl, Corea en 2007.

**Primera publicación: Junio 2014**

Editado por la Dra. Geumsun Vin
Diseñado por la oficina editorial de Libros Urim
Para mayor información contáctese con urimbook@hotmail.com

# Prefacio

Los libros históricos que escriben acerca de los hechos históricos de una nación, a menudo se tornan en una buena guía para las generaciones posteriores. Así también las novelas basadas en hechos históricos son preferidas por muchos. Yo mismo aprendí acerca de las guerras, la colaboración y estrategias de los diferentes pueblos y su actitud del corazón al leer las clásicas novelas chinas denominadas *El Romance de los Tres Reinos.*

No obstante, el mayor y mejor de los registros históricos y guía para nuestras vidas, es la Biblia. Desde la creación del mundo hasta las cosas que sucederán en el futuro, la Biblia contiene la historia humana de principio a fin.

Dios escogió al pueblo de Israel y lo hizo modelo del Cultivo de la humanidad, y aún les muestra Su amor para guiarlos al hermoso reino de los cielos. De manera especial, los registros acerca de la conquista de la tierra de Canaán escrita en cinco libros (Éxodo, Levítico, Números, Deuteronomio y Josué) contiene el infinito amor de Dios y Su profundo deseo de que lleguemos a ser santos.

Tanto Moisés, el líder del Éxodo, como su sucesor, Josué, creyeron en el Dios Todopoderoso. Siguieron la voluntad de Dios y demostraron señales y prodigios sorprendentes, glorificando a Dios con las victorias que alcanzaron. Lo contrario ocurre con el Faraón y sus ministros que no aceptaron a Dios el Creador. En lugar de aceptarlo, se opusieron a Él y al final enfrentaron calamidades y maldiciones.

Dios en realidad es el Mayordomo de la historia quien controla la vida, la muerte, la dicha y desdicha de los individuos, así como también el auge y caída de las naciones.

No obstante, ¿cuál es la razón por la que se llama "la tierra que fluye leche y miel" a la tierra de Canaán?

En Génesis 10:19 leemos: *"Y fue el territorio de los*

*cananeos desde Sidón, en dirección a Gerar, hasta Gaza; y en dirección de Sodoma, Gomorra, Adma y Zeboim, hasta Lasa"*. La tierra de Canaán incluía todas las tierras al oeste del río Jordán.

Actualmente a esta área se la conoce como 'Palestina', y a diferencia del desierto de Egipto, esta tenía abundancia de agua y terreno fértil. Los rebaños podían producir leche y la tierra floreció con flores de modo que la gente podía recolectar miel. También había algo de tierra estéril, pero hubo llanuras en muchos lugares. Por la suavidad de su clima, había aceitunas, uvas, granadas, higos y centeno. El área tenía también mucho ganado y abundantes mariscos.

La tierra de Canaán es también la Tierra Prometida de Dios (Deuteronomio 11:9), y espiritualmente simboliza el reino de los cielos que vamos a poseer. El proceso mediante el cual los israelitas confiaron en la promesa de Dios y conquistaron la tierra que fluye leche y miel representa simbólicamente la batalla espiritual que enfrentamos en nuestras vidas cristianas.

Cuando observamos el proceso del Éxodo, los cuarenta años

en el desierto, el cruce del río Jordán y la conquista de Jericó y luego de la tierra de Canaán, podemos ver el trayecto de la vida al recibir la salvación y avanzar hacia el reino de los Cielos.

Dios sacó a los israelitas de Egipto y los guió a la tierra de Canaán en la que fluye leche y miel. Asimismo, Él desea que todos tengan fe verdadera y que disfruten de descanso eterno en el hermoso reino celestial. Además desea que todos tengamos la fe que es de Su agrado para que podamos recibir respuestas a todo lo que pidamos y hacer todas las cosas según Su poder.

Este libro titulado *La Tierra que Fluye Leche y Miel* rememora los pasos de Moisés y Josué a medida que avanzaron únicamente con fe y confianza en la promesa de Dios. Yo creo que los lectores recibirán las bendiciones y aprenderán acerca de los secretos para recibir respuestas y bendiciones. También podrán comprender la importancia de las cosas que parecen insignificantes en la vida cotidiana.

Ruego en el nombre del Señor que los lectores crean en todas las promesas de Dios, que conquisten la tierra de Canaán que fluye leche y miel, y que con fuerza tomen la ciudad de la

Nueva Jerusalén que es la mejor morada en el reino celestial.

Finalmente agradezco a la Dra. Geumsun Vin, Directora de la Editorial de la Iglesia Central Manmin al igual que a todos los obreros, al Rev. Joong-won Lee por su ayuda y a todos los que oraron por esta obra.

Jaerock Lee

Prefacio

Capítulo 1

# "Trae a Mi pueblo de la tierra"

- Dios llama a Moisés -

## Éxodo 3:7-8

⁓᳡᷉᷌᷈᷄᷒⁓

"Dijo luego Jehová: Bien he visto la aflicción de mi pueblo que está en Egipto, y he oído su clamor a causa de sus exactores; pues he conocido sus angustias, y he descendido para librarlos de mano de los egipcios, y sacarlos de aquella tierra a una tierra buena y ancha, a tierra que fluye leche y miel, a los lugares del cananeo, del heteo, del amorreo, del ferezeo, del heveo y del jebuseo".

En la actualidad estamos viviendo en la época donde hay 'abundancia de conocimiento e información', donde la computadora es una de las principales herramientas útiles para incrementar el conocimiento y la información a un nivel más alto. Las computadoras operan de acuerdo a los programas que se les haya instalado.

De igual manera, la Providencia de Dios del 'cultivo de la humanidad' que ha sido plantada desde antes del comienzo de los tiempos, puede compararse con un programa, el cual ha estado operando hasta este mismo día de manera perfecta. El pueblo escogido para cumplir con la Providencia de Dios fueron los israelitas.

## Formación de la nación de Israel

Dios planeó la Providencia del 'cultivo de la humanidad' y creó los Cielos y la Tierra y todo en el universo para obtener hijos verdaderos con los cuales pudiera compartir Su amor verdadero. Dios creó al primer hombre Adán, caminó con él y le dio la autoridad para gobernar y sojuzgar todas las cosas.

Adán y Eva vivieron en el Huerto del Edén por un

largo período de tiempo. Debido a que no entendieron verdaderamente el amor de Dios, no guardaron Su palabra profundamente en sus corazones. Consecuentemente, fueron tentados por la serpiente a comer del árbol de la ciencia del bien y del mal. Como resultado de la desobediencia, fueron expulsados del Huerto del Edén y tuvieron que vivir a través de su trabajo y sudor.

El pecado del hombre siguió creciendo a tal punto que el hijo de Adán, Caín, mató a su hermano Abel.

En el tiempo de Noé, todo el mundo estaba tan lleno de pecado que incluso Dios se arrepintió de haber creado al hombre. Finalmente decidió castigar al mundo. Le permitió a Noé, el único hombre justo en ese momento, que preparara el arca de la salvación y le dijo que difundiera el mensaje acerca del juicio.

No obstante, las personas no quisieron escuchar a Noé. Finalmente, cada persona sobre la Tierra, excepto Noé y su familia, fue castigada mediante el diluvio. Sorprendentemente, incluso los caracteres chinos tienen rastros de este incidente. Por ejemplo: el símbolo para 'barco' es '船'. Esta es la combinación de 'arca' (舟) con el número 'ocho' (八), y 'boca' (口).

*"En este mismo día entraron Noé, y Sem, Cam y Jafet hijos de Noé, la mujer de Noé, y las tres mujeres de sus hijos, con él en el arca"* (Génesis 7:13).

Esto significa que los ocho miembros de la familia de Noé entraron al arca porque la 'boca' en caracteres chinos también se refiere a 'las bocas que comen juntas', es decir, la 'familia'. Es una tragedia que la humanidad cayera en la muerte debido al pecado de Adán, pero en otro sentido, también se encontraba en la Providencia del 'cultivo de la humanidad'. Dios escogió a un hombre justo para cumplir con Su Providencia. Este hombre fue Abraham, a quien también se lo llamó 'el padre de la fe'.

Hace aproximadamente cuatro mil años, Dios estableció a Abraham como el padre de la fe y le dio la promesa de que le daría innumerables descendientes. Dios lo llamó y lo sacó de Ur de los caldeos (una de las principales ciudades de la antigua Mesopotamia), y le entregó la tierra de Canaán.

*"Y Jehová dijo a Abram, después que Lot se apartó de él: Alza ahora tus ojos, y mira desde el lugar donde estás hacia el norte y el sur, y al oriente y al occidente. Porque toda la tierra que ves, la daré a ti y a tu descendencia para siempre. Y haré tu descendencia como el polvo de la tierra; que si alguno puede contar el polvo de la tierra, también tu descendencia será contada. Levántate, ve por la tierra a lo largo de ella y a su ancho; porque a ti la daré"* (Génesis 13:14-17).

*"Y (El Señor) lo llevó fuera, y le dijo: Mira ahora los cielos, y cuenta las estrellas, si las puedes contar. Y le*

*dijo: Así será tu descendencia"* (Génesis 15:5).

Dios le dijo a Abraham lo que pasaría con sus descendientes. Es decir, Él le dijo que sus descendientes serían esclavos en Egipto por 400 años y luego regresarían a la tierra de Canaán.

*"Entonces Jehová dijo a Abram: Ten por cierto que tu descendencia morará en tierra ajena, y será esclava allí, y será oprimida cuatrocientos años. Mas también a la nación a la cual servirán, juzgaré yo; y después de esto saldrán con gran riqueza. Y tú vendrás a tus padres en paz, y serás sepultado en buena vejez. Y en la cuarta generación volverán acá; porque aún no ha llegado a su colmo la maldad del amorreo hasta aquí"* (Génesis 15:13-16).

Abraham procreó a su hijo Isaac a la edad de cien años; e Isaac engendró a Esaú y a Jacob. Esaú tenía el derecho de primogenitura para recibir las bendiciones de Dios por ser el primer hijo, pero él tuvo tanta hambre que vendió su primogenitura a su hermano menor, Jacob, por un plato de guisado de lentejas (Génesis 25:30-34).

El hecho de haber vendido su primogenitura no era algo trivial. Esto prueba que Esaú tenía poco respeto por las bendiciones para el primer hijo, y tampoco quiso creer en Dios, quien controla todas las cosas. Dios nos da este ejemplo para que no seamos fornicarios o profanos como lo fue Esaú; quien no quiso la bendición espiritual y negó su primogenitura.

*"No sea que haya algún fornicario, o profano, como Esaú, que por una sola comida vendió su primogenitura"* (Hebreos 12:16).

Por el contrario, Su hermano Jacob tenía anhelo por las cosas espirituales y las tomó aún por la fuerza. Era astuto como para engañar a su padre Isaac y recibir las bendiciones del hijo primogénito. Sin embargo, el corazón que anhelaba las cosas espirituales era el más apropiado a los ojos de Dios.

Dios planeó cumplir con la Providencia por medio de los descendientes de Jacob y refinarlos durante un amplio período de tiempo.

Jacob dejó su hogar durante veinte años; estaba escapando de la furia de su hermano, y se dio cuenta que no podía hacer nada con sus propias fuerzas y planes.

Su arrogancia fue quebrantada completamente y fue transformado en el tipo de persona que Dios deseaba. Él recibió el nuevo nombre de 'Israel', y tuvo doce hijos quienes conformaron las doce tribus de Israel. Los descendientes de la tribu de Judá son los judíos que han restablecido a Israel en la actualidad.

*"Y le dijo Dios: Tu nombre es Jacob; no se llamará más tu nombre Jacob, sino Israel será tu nombre; y llamó su nombre Israel. También le dijo Dios: Yo soy el*

*Dios omnipotente: crece y multiplícate; una nación y conjunto de naciones procederán de ti, y reyes saldrán de tus lomos. La tierra que he dado a Abraham y a Isaac, la daré a ti, y a tu descendencia después de ti daré la tierra"* (Génesis 35:10-12).

## ¿Cómo llegaron los israelitas a quedarse en Egipto?

Entonces, ¿por qué Dios permitió que el pueblo de Israel atravesara sufrimiento durante 400 años en Egipto?

Permítame darle un ejemplo. Supongamos que un niño ora a Dios que le permita ser el presidente del país. Es obvio que Dios no puede responder ese tipo de oración de manera inmediata.

Dios cumple con todas las cosas de manera ordenada de acuerdo a los principios. Por lo tanto, primeramente guiará a ese niño a poseer las cualidades necesarias para que pueda convertirse en el presidente. Dios lo guiará en el camino más corto para que pueda finalizar sus estudios y ganar muchas experiencias.

De igual manera, Dios le dio a Abraham la promesa que de él formaría una nación muy grande por medio de sus descendientes, pero una nación grande no podía ser formada inmediatamente.

Cuando la familia de Jacob fue a Egipto, el número de los

miembros de la familia eran solo setenta. Para hacer que de esta familia se formara una gran nación, Dios utilizó su asombrosa sabiduría.

Hasta que Israel formara una gran nación tenía que tener mucha fuerza. Si hubieran aumentado en número entre la gran cantidad de países tribales, habrían sido atacados por estos países pequeños. Es por ello que para protegerlos escogió que estuvieran en Egipto.

Egipto tenía su rey desde alrededor de 3000 a. C. y se había convertido en una espléndida civilización. Egipto es una de las naciones con mayor extensión de historia desde el tiempo de la civilización en Mesopotamia.

Dios colocó a José, el décimo de los hijos de Jacob, para que fuera a Egipto y permitiera salvar al país de los siete años de escases por la cual tuvo que atravesar el Medio Oriente.

La razón por la que José fue utilizado para cumplir con la Providencia de Dios, fue porque él tenía un corazón apropiado y correcto; en lo profundo de su ser tenía un buen corazón y una excelente sabiduría, incluso fue suficiente para poder realizar un gran servicio y salvar a Egipto.

La madre de José fue Raquel. Ya que Raquel era la esposa de Jacob que más amaba, él mostró algo de favoritismo hacia José. Debido a esto, José fue odiado por sus hermanos, los cuales eran hijos de otras esposas. José fue odiado aún más por sus hermanos luego de contarles su sueño. Finalmente, fue vendido a Egipto como un esclavo a Potifar, un oficial del Faraón.

José dejó su hogar y a su padre y, de un día para otro, se convirtió en esclavo en otro país.

No obstante, debido a que él confió en Dios, no cayó en conductas inmorales ni se dio por vencido en su vida. Siempre hizo lo mejor en cada situación que se le presentó. Él se hizo cargo de las posesiones de su amo como si fueran suyas, y era cuidadoso y fiel al actuar con el corazón de su amo. Incluso tuvo el corazón para tratar a sus hermanos, los que lo vendieron, con bondad (Génesis 45:3-8). Dios bendijo todas las cosas que Potifar tenía ya que José había sido colocado a cargo de todas las posesiones de su amo.

Este mismo principio puede ser aplicado de igual manera en la actualidad. A pesar de que podemos tener problemas o situaciones difíciles, si amamos a Dios y vivimos por Su Palabra, Su amor y compasión descenderán sobre nosotros, y de esta manera seremos reconocidos en nuestras responsabilidades y recibiremos bendiciones.

Lo más importante es cuánto reverenciamos a Dios, actuamos con fidelidad en todas las cosas y cuánto obedecemos a la Palabra de Dios mientras vamos por el camino de la rectitud.

José tuvo que enfrentar una prueba muy grande. Cuando él obtuvo la confianza de su amo y fue puesto a cargo de todas sus posesiones en su hogar, la esposa de su amo lo comenzó a tentar.

Él no quería cometer ningún pecado delante de Dios, y

además quería mantener la relación de confianza que tenía con su amo. José con firmeza rehusó los intentos de seducción de esta mujer. Por esta razón, ella lo acusó falsamente diciendo que él había intentado acostarse con ella a la fuerza. Finalmente, fue encarcelado donde se encontraban los presos del Faraón.

José había sido elegido para que cumpliera con la Providencia de Dios, entonces, ¿por qué tuvo que sufrir tantas dificultades; ser vendido a otro país como esclavo y luego ser acusado falsamente y encarcelado?

Para que José tuviera la habilidad y cualidad para convertirse en el primer ministro de Egipto a la temprana edad de treinta años, tuvo que aprender muchas cosas. Dado que era el mayordomo en la casa de Potifar y un oficial del Faraón, tuvo que aprender acerca de la economía y los aspectos financieros. En la cárcel, donde había muchos delincuentes políticos, aprendió muchas cosas sobre el funcionamiento de un país y la política, y así pudo aumentar su conocimiento y sabiduría.

Además de ello, como conoció a muchas personas, aprendió cómo manejar los recursos humanos y también acerca del engaño, la traición y el corazón astuto de los hombres.

Esta fue una de las cosas que Dios había programado para José ya que quería que él gobernara sobre el país y que abrazara a las personas con amor y generosidad. Es por ello que la Biblia dice incluso después de que José fue encarcelado: "...porque Jehová estaba con José, y lo que él hacía, Jehová lo prosperaba" (Génesis 39:23).

Finalmente, Dios comenzó con Su plan para permitir que José salvara a Egipto de una gran calamidad. El jefe de los coperos y el panadero del Faraón fueron condenados y enviados a la cárcel donde José estaba.

Un día, ambos tuvieron un sueño, y tal como José interpretó cada uno de sus sueños, uno de ellos fue ejecutado y el otro recuperó su posición anterior que tenía con el Faraón. Dos años después de este acontecimiento, el Faraón tuvo un sueño muy extraño. En ese momento, el jefe de los coperos recordó que él había sido restaurado a su deber como José interpretó el sueño. Mediante su recomendación, José fue delante del Faraón y de manera clara interpretó el sueño que había tenido.

El sueño que tuvo el Faraón fue presagio de los siete años de abundancia y siete años de hambre. José no solo interpretó el sueño, sino que también le dijo cómo debía prepararse para ello. Fue así como Egipto pudo estar listo para el tiempo de hambre.

En ese entonces existía poco riego, por lo tanto las personas confiaban en la lluvia para ejercer la agricultura. Los siete años de hambruna significaban la muerte. José les informó acerca de un gran desastre, el mismo que podría haber destruido todo el país, y no solo esto, sino que también les dio las maneras y plan para tratar con ello. ¡Cuán agradecido debió haberse sentido el Faraón!

*"Y dijo Faraón a sus siervos: ¿Acaso hallaremos a otro hombre como éste, en quien esté el espíritu de Dios? Y dijo Faraón a José: Pues que Dios te ha hecho saber todo esto, no hay entendido ni sabio como tú. Tú estarás sobre mi casa, y por tu palabra se gobernará todo mi pueblo; solamente en el trono seré yo mayor que tú. Dijo además Faraón a José: He aquí yo te he puesto sobre toda la tierra de Egipto"* (Génesis 41:38-41).

El Faraón recibió abundante gracia de parte de José. Él aceptó a los miembros de la familia de José, es decir, los israelitas que también estaban sufriendo de la hambruna en Egipto.

De esta manera, los israelitas pudieron mantenerse salvaguardados cómodamente durante los siete años de hambruna y así multiplicaron su número en Egipto.

## Nacimiento y pruebas que tuvo que atravesar Moisés

Murió José, y el Faraón de la época también murió con el paso del tiempo. Luego se levantó otro Faraón en Egipto quien no conocía acerca de José. Ya que los israelitas se incrementaron en número, este Faraón tuvo miedo e intentó mantenerlos bajo control.

Para impedir que los israelitas se convirtieran en una nación grande, el Faraón ordenó que todos los bebés recién nacidos fueran asesinados. Hizo que los israelitas fueran sus esclavos y los persiguió; era un plan para destruir a los israelitas en conjunto, matando lentamente a los niños recién nacidos.

Dios prometió que Israel formaría una gran nación, pero en vez de eso, ellos se encontraban en peligro de ser extinguidos; y en ese tiempo sombrío, nació Moisés.

Por ordenanza del Faraón, también Moisés debía ser asesinado el momento de nacer, pero su madre no pudo matarlo. Ella lo escondió por tres meses ya que era un bebé muy hermoso. Pero cuando ya no lo pudo esconder por más tiempo, lo colocó en una arquilla de juncos y lo puso cerca de la orilla del Nilo.

La princesa, una de las hijas del Faraón, se dirigió a ese lugar para tomar un baño, y al ver al bebé lo recogió. Sorprendentemente, la madre real de Moisés, Jocabed, se convirtió en su niñera, y ella fue capaz de enseñarle sobre el pueblo de Israel y la fe en Dios desde el momento en que era un niño pequeño. Todo esto fue hecho de acuerdo al plan de Dios.

Dios lo salvó de la muerte y le permitió aprender las mejores cosas en el palacio del Faraón. Al mismo tiempo, Dios le permitió que también aprendiera acerca de su pueblo y la fe en Dios por parte de su madre (Hechos 7:22).

Moisés, siendo un príncipe de Egipto, no disfrutó del

placer de la vida espléndida en el palacio, sino que siempre se preocupó acerca de las personas que estaban sufriendo. Un día vio a un hombre egipcio golpear a un hebreo, y en su indignación mató al egipcio.

Cuando esto fue revelado, Moisés escapó a la tierra de Madián, y la vida de lujo que había disfrutado como un príncipe de una nación fuerte, había llegado a su fin. Ahora tenía que llevar una vida de arduo trabajo en el desierto. Los planes que él tenía para el futuro y sus esperanzas para su pueblo también habían desaparecido.

Debe haberse sentido tan miserable y temeroso de su situación tan deplorable. Pero mientras transcurrió el tiempo, dejó a un lado su orgullo y la confianza que tenía como príncipe. Moisés permaneció con Jetro, sacerdote de Madián, quien luego se convirtió en su suegro. Ahora él se había convertido en un pastor.

Aprendió cómo pastorear un rebaño y se humilló completamente. En cierto sentido, se convirtió en un hombre de poco mérito para cumplir con los planes de Dios. Cuando él era un príncipe, tenía la confianza y también la autoridad para poder hacer cosas grandiosas para el pueblo de Israel, pero ahora él simplemente era un fugitivo y un hombre insignificante quien no podía hacer nada por Dios.

De esta manera, Moisés quebrantó su ego y arrogancia completamente y así llegó a ser un instrumento que Dios realmente podía utilizar.

## Un hombre utilizado por Dios

El tipo de persona que Dios puede usar no es alguien que posee su propia sabiduría y habilidades, sino que es una persona que confía completamente en Dios, quebranta sus propios pensamientos y se niega a sí mismo completamente para ser alguien obediente. Esto se debe a que no podemos vencer al diablo y cumplir con la Providencia de Dios solo con los pensamientos y habilidades de las personas.

Romanos 8:7-8 nos dice: *"Por cuanto los designios de la carne son enemistad contra Dios; porque no se sujetan a la ley de Dios, ni tampoco pueden; y los que viven según la carne no pueden agradar a Dios"*. Tal como lo menciona, si tenemos pensamientos de la carne y no del espíritu, no podremos obedecer la Palabra de Dios.

Cuando el rey Saúl atacó a Amalec, Dios le dijo que destruyera absolutamente todo. No obstante, él capturó al rey de Amalec y trajo consigo los mejores animales del rebaño y la manada. Según su opinión, esto era lo mejor; de esta manera desobedeció las palabras de Dios. No importa cuán bueno parezca para el pensamiento humano, si está en contra de la Palabra de Dios, deja de ser una buena idea.

Incluso si traemos buenas cosas para ofrecerle a Dios, si van en contra de Su Palabra, Dios no puede aceptarlas. Es por esta razón que 1 Samuel 15:22 dice que la obediencia es mejor que el sacrificio. El rey Saúl siguió la Palabra de Dios, se volvió una persona arrogante y finalmente fue abandonado por Él. Al final tuvo que enfrentar una muerte miserable en la guerra de Gilboa.

Por el contrario, Pedro, quien se convirtió en uno de los discípulos de Jesús, obedeció a Su palabra y experimentó algo realmente asombroso. Pedro había trabajado durante toda la noche, pero no había pescado nada. Entonces Jesús le dijo que arrojara la red en las profundidades.

Pedro le dijo: *"Maestro, toda la noche hemos estado trabajando, y nada hemos pescado; mas en tu palabra echaré la red"* (Lucas 5:5). Cuando él obedeció, atrapó una gran cantidad de peces, al punto que su red se rompía.

Si Pedro hubiera dicho: "Maestro, yo sé pescar muy bien, pero estoy muy cansado luego de haber trabajado durante toda la noche, así que vamos a recoger la red porque es muy difícil ir nuevamente a las profundidades y soltar la red", entonces la Palabra de Dios nunca se hubiera cumplido.

Además, antes de que Jesús fuera a Jerusalén le pidió a dos de Sus discípulos que fueran a la aldea que estaba delante de ellos y le trajeran una asna que estaba atada allí y un pollino (Mateo 21:2-3). Los discípulos no usaron sus pensamientos sino que simplemente fueron obedientes, e hicieron tal como Jesús lo dijo.

Lo importante de ser un instrumento de Dios es cuán obedientes somos a Su Palabra hasta el final. Abraham, Jacob, José y demás padres de la fe obedecieron a la Palabra de Dios solo con 'Sí' y 'Amén' y es por eso que Dios pudo utilizarlos.

Dios aún sigue en busca de hombres de obediencia. Él quiere el tipo de persona que hace a un lado todas sus teorías, conocimiento y sus situaciones y solo obedece la voluntad de Dios completamente.

Para que Moisés haya podido obedecer y cumplir con Su Providencia tuvo que humillarse a sí mismo por completo permaneciendo cuarenta años en el desierto. Durante ese tiempo, Moisés se dio cuenta por completo de que nada podía hacer con su propia sabiduría, habilidad y métodos.

Al examinar este tipo de providencia de Dios, podemos ver que los números también tienen significados espirituales. Moisés huyó de Egipto a la edad de cuarenta años y pasó por las pruebas de refinamiento durante cuarenta años más. Podemos ver que el sufrimiento tiene relación con el número 'cuatro'.

Además, los israelitas tuvieron que sufrir en Egipto durante 400 años y Moisés ayunó por cuarenta días para recibir los Diez Mandamientos.

## El llamamiento de Moisés

Mientras cuidaba las ovejas en el desierto por cuarenta años, Moisés aprendió cómo tener la paciencia y la mansedumbre necesarias para abrazar a más de dos millones de personas en el futuro. Fue en ese momento que Dios se le apareció. Incluso cuando Moisés estaba atravesando las pruebas de refinamiento en el desierto, las persecuciones y la esclavitud de Israel en Egipto aún seguían.

Entonces el pueblo de Israel gemía a causa de la esclavitud y levantaron sus voces; y clamaron por ayuda debido a su esclavitud y su clamor subió a la presencia de Dios. Luego Él decidió salvar a los israelitas y se presentó delante de Moisés.

Un día Moisés se encontraba pastoreando el rebaño en el Monte Horeb, y vio una zarza que ardía con fuego pero que no se consumía, entonces se acercó al arbusto. En ese momento Dios llamó a Moisés.

*"Viendo Jehová que él iba a ver, lo llamó Dios de en medio de la zarza, y dijo: ¡Moisés, Moisés!"* (Éxodo 3:4)

Cuando Dios lo llamó, Moisés le dijo: "Heme aquí". Entonces Dios le dijo: *"No te acerques; quita tu calzado de tus pies, porque el lugar en que tú estás, tierra santa es"* (Éxodo 3:5).

Era el ángel del Señor que había aparecido como llama en la zarza para mostrar el poder de Dios. Ciertamente la zarza se encontraba en llamas pero esta no era consumida por el fuego. Esto sucedió para permitirle a Moisés darse de cuenta a través del poder de Dios que existe un reino espiritual.

Dios también le dijo a Moisés que se quitara su calzado. Esto fue porque las partes más sucias del cuerpo son los pies; de hecho, la parte más sucia del hombre es su corazón. El hombre asesina, comete adulterio y roba debido a la maldad en el corazón (Mateo 15:18-20). Cuando Dios le dijo a Moisés que se quitara su calzado, lo hacía con la intención de dar a conocer Su anhelo de que las personas se abstengan de pecado y se santifiquen. En otras palabras, Dios quiere que circuncidemos nuestros corazones para tener corazones santos.

Pero durante el Antiguo Testamento, la circuncisión no se la hacía en el corazón sino en el cuerpo. Es por ello que Dios habló de manera simbólica acerca de sacarse el calzado de los pies.

De esta manera, Dios le dijo a Moisés que sacara al pueblo de Israel de Egipto; lo cual no fue tarea fácil para Moisés. En ese momento Moisés era simplemente un pastor, y aunque había regresado, no había motivos de apoyo para él.

En ese momento él se encontraba angustiado, estaba seguro de que el Faraón no dejaría ir a los israelitas. Era poco probable que incluso su propio pueblo lo seguiría.

*"Entonces Moisés respondió a Dios: ¿Quién soy yo para que vaya a Faraón, y saque de Egipto a los hijos de Israel?"* (Éxodo 3:11)

Dios sabía que esto perturbaba la mente de Moisés, es por ello que Él no simplemente lo envió, sino que le dijo detalladamente qué debía decirle al pueblo de Israel y al Faraón, y que el Faraón no los dejaría ir fácilmente y que habría plagas en Egipto.

Incluso Dios le dijo que cuando los israelitas salieran, no lo harían con las manos vacías sino que tendrían grandes cantidades de plata y oro, y vestiduras de los egipcios.

Dios también le mostró un elemento a manera de prueba. Cuando Moisés siguió las instrucciones de Dios, al arrojar la vara, esta se convirtió en una serpiente, y cuando la tomó por la cola nuevamente se convirtió en vara. Cuando puso su mano en su seno y luego la sacó, su mano estaba leprosa como la nieve. Cuando lo volvió a hacer, la piel de su mano fue restaurada como la piel en el resto de su cuerpo.

Luego de escuchar la Palabra de Dios y de ver Sus señales, Moisés se dirigió a Egipto con su vara tal como Dios le había dicho. Espiritualmente, la 'vara' hace referencia a la fe. De igual manera que se la utiliza para apoyarse cuando se tiene una pierna débil, podemos hacer todo lo que sea imposible hacer por nuestras propias fuerzas, pero solo si tenemos fe en el Dios Todopoderoso.

Debido a que Moisés conocía muy bien sus debilidades, también sentía miedo y vergüenza, pero él solo puso su confianza en la fe durante la aventura que ponía en riesgo su vida.

## Normas para distinguir a un hombre de Dios

Cuando Moisés se dirigió al pueblo de Israel para cumplir

con la Providencia de Dios, Él demostró que Moisés era un hombre de Dios no solo con palabras, sino que lo hizo con señales que seguían sus palabras.

Cuando lo que él dijo en realidad se realizó, y cuando hizo cosas poderosas que no podían hacerse por los hombres, nadie pudo negar que Dios estaba con él.

Éxodo 7:1 dice: *"Jehová dijo a Moisés: Mira, yo te he constituido dios para Faraón, y tu hermano Aarón será tu profeta"*. Como acabamos de leer, debido a las obras poderosas que fueron manifestadas por medio de Moisés, fue considerado como un dios por Faraón y también por el pueblo de Israel. Ya que Dios había hecho que Moisés sea conocido como un dios, el Faraón tenía miedo de matarlo.

Incluso en la actualidad, los judíos tienen mucho respeto por Moisés por haber sido el mayor profeta y maestro. Así como podemos ver qué tipo de persona era Moisés a través del poder de Dios manifestado a por él, también podemos distinguir a los hombres de Dios por sus frutos.

Deuteronomio 18:22 dice: *"Si el profeta hablare en nombre de Jehová, y no se cumpliere lo que dijo, ni aconteciere, es palabra que Jehová no ha hablado; con presunción la habló el tal profeta; no tengas temor de él"*. Podemos ver si alguien es respaldado por Dios o no al ver los frutos de lo que dice.

Por ejemplo: alguien que es respaldado por Dios sirve y

ama a todas las personas y es fiel en toda la casa de Dios, por lo que es elogiado por los demás. Además, llevará a cabo las obras poderosas que Moisés, el apóstol Pablo y Pedro realizaron. Hace tres mil cuatrocientos años atrás, Dios envió a Moisés y rescató al pueblo de Israel de Egipto, y en cada momento Él envía a un hombre de Dios a salvar a Su pueblo.

Incluso en esta era donde las tinieblas cubren al mundo, Dios quiere guiar a Su pueblo por medio de un hombre de Dios que sea obediente a Él. Él quiere dar testimonio de Sí mismo a través de Su poder y salvar innumerables personas de este mundo, el cual se compara a Egipto. Él quiere llevarlos a la tierra de Canaán, que es el reino de los Cielos, la tierra donde fluye leche y miel.

Capítulo 2

# "Te constituiré como un dios"

- Las Diez Plagas -

## Éxodo 7:1-7

❧◉◈◉❧

"Jehová dijo a Moisés: Mira, yo te he constituido dios para Faraón, y tu hermano Aarón será tu profeta. Tú dirás todas las cosas que yo te mande, y Aarón tu hermano hablará a Faraón, para que deje ir de su tierra a los hijos de Israel. Y yo endureceré el corazón de Faraón, y multiplicaré en la tierra de Egipto mis señales y mis maravillas. Y Faraón no os oirá; mas yo pondré mi mano sobre Egipto, y sacaré a mis ejércitos, mi pueblo, los hijos de Israel, de la tierra de Egipto, con grandes juicios. Y sabrán los egipcios que yo soy Jehová, cuando extienda mi mano sobre Egipto, y saque a los hijos de Israel de en medio de ellos. E hizo Moisés y Aarón como Jehová les mandó; así lo hicieron. Era Moisés de edad de ochenta años, y Aarón de edad de ochenta y tres, cuando hablaron a Faraón".

"¡Muévanse! ¡Sigan trabajando!"

Bajo los latigazos que los supervisores les daban, las circunstancias de la esclavitud de los israelitas eran miserables.

Habían transcurrido más de cuarenta años desde que Moisés había huido al desierto de Madián, y la situación de la esclavitud de los israelitas había empeorado.

En medio del arduo trabajo, el pueblo de Israel buscó de Dios de quien habían escuchado de sus padres.

*"Entonces el pueblo de Israel gemía a causa de la esclavitud y levantaron sus voces; y clamaron por ayuda debido a su esclavitud y su clamor subió a la presencia de Dios"* (Éxodo 2:23).

Los 400 años en Egipto habían sido un largo período de tiempo. En los países extranjeros donde existían muchos dioses, la fe de los israelitas en Dios se desvanecía poco a poco. Su clamor no era en realidad por fe en Dios, sino que fue su súplica ferviente a Dios para que fueran liberados de la dura esclavitud. En cierto sentido, ellos simplemente estaban esperando cualquier tipo de cambio.

## Moisés se presenta delante de Faraón solo con su fe

Los egipcios hicieron que Israel construyera las ciudades de almacenaje llamadas Pitón y Ramsés, cocinaran ladrillos y realizaran trabajos de agricultura. Los egipcios se beneficiaban en gran manera de los israelitas.

Anteriormente Moisés había sido un príncipe de Egipto, no solo un fugitivo y un pastor. No había ninguna posibilidad de que el Faraón liberara a los israelitas sólo por la demanda de Moisés. Por el contrario, bajo ese tipo de condiciones Moisés pudo haber sido considerado como un hombre loco o quizás haber sido condenado a muerte por ello.

Era absolutamente imposible si hubiera pensado con pensamientos humanos, sin embargo, Dios estaba con él. Dios mismo certificó las palabras de Moisés y prometió que él podría manifestar el poder de Dios. Moisés estaba preocupado porque él no era un buen orador, entonces Dios puso a su hermano Aarón como la persona que hablaría por él. Dios hizo que Moisés se parezca a un dios delante de Aarón.

Antes de que Moisés llegara a Egipto, Dios ya se le había aparecido a Aarón y le dijo que fuera al Monte Horeb y se encontrara con Moisés. Cuando Moisés se encontró con su hermano Aarón, le dijo acerca de cada palabra y señal que Dios le había dado.

Moisés llegó a Egipto e hizo llamar a todos los ancianos de Israel. Él les dijo: "Queridos ancianos, Dios ha escuchado su clamor y me ha enviado para rescatarlos de sus dificultades".

Como evidencia, Moisés les mostró cómo la vara se convertía en serpiente y luego volvía a ser vara, y cómo la mano con lepra volvía a la normalidad. Ellos con respeto inclinaron sus cabezas en reconocimiento.

Moisés y Aarón de manera valiente fueron donde el Faraón con grandes expectativas y un deseo ardiente por su pueblo. Ellos entregaron el mensaje que Dios les había dado para hacer que el pueblo de Israel saliera de Egipto al desierto y ofreciera sacrificio a Dios. No obstante, el asunto no fue tan fácil como lo habían pensado.

*"Y Faraón respondió: ¿Quién es Jehová, para que yo oiga su voz y deje ir a Israel? Yo no conozco a Jehová, ni tampoco dejaré ir a Israel"* (Éxodo 5:2).

El corazón de Faraón estaba endurecido y no quiso hacer caso al mandato de Dios. En vez de dejarlos libres él pensó que los israelitas estaban pensando en tales cosas porque tenían demasiado tiempo libre. Consecuentemente incrementó la cantidad de trabajo y se volvió más rígido con ellos. La persecución fue aún más severa.

Los capataces rogaron a Faraón acerca de esta situación diciéndole: *"¿Por qué lo haces así con tus siervos? No se da paja a tus siervos, y con todo nos dicen: Haced el ladrillo"* (vv.

15-16).

Pero la respuesta del Faraón fue fría.

*"Y él respondió: Estáis ociosos, sí, ociosos, y por eso decís: Vamos y ofrezcamos sacrificios a Jehová. Id pues, ahora, y trabajad. No se os dará paja, y habéis de entregar la misma tarea de ladrillo"* (Éxodo 5:17-18).

Ellos creyeron que el Faraón los liberaría de manera inmediata, pero al contrario, tuvieron que enfrentar más problemas. Ahora vinieron a quejarse en contra de Moisés y Aarón. Aunque ellos estaban anunciando la voluntad de Dios a las personas, ellos no querían escucharla.

Ya que habían transcurrido más de 400 años desde que se habían establecido en Egipto, podemos comprender qué tipo de fe tenían los israelitas en ese momento. Apenas habían llegado a conocer acerca de Dios.

Ellos simplemente sabían que Dios se había aparecido a sus padres Abraham, Isaac y Jacob, y que Él los sacaría de Egipto a la tierra de Canaán. En un sentido actual, eran como los recién llegados a la iglesia.

Debido a que Dios conocía el nivel de fe de ellos, no los culpó por ello, sino que comenzó a mostrarles Sus obras por medio de Moisés. Estas obras fueron las 'Diez Plagas'.

## Las Diez Plagas manifestadas por medio de Moisés

Dios nuevamente envió a Moisés y a Aarón delante del Faraón, y para probar que Su Palabra era verdadera, Dios llevó a cabo una señal.

Así como permitió que Moisés lo hiciera en el Monte Horeb, cuando Aarón arrojó la vara esta se convirtió en una serpiente. No obstante, los magos de Egipto también hicieron que sus varas se convirtieran en serpientes, a pesar de que no eran tan fuertes como la de Aarón. Entonces, cuando el Faraón vio esto, no quiso escuchar a Moisés.

En las civilizaciones antiguas, los hechiceros y magos a menudo llevaban a cabo sacrificios. La raíz de la palabra 'magia' está en referencia a los sacerdotes de la antigua Persia.

Ellos realizaban hipnosis, hacían adivinación con la ayuda de espíritus malignos e incluso hacían que se produzcan algunos tipos de desastres. Faraón consideró el poder de Dios simplemente como un asunto de hechicería.

Hasta que el Faraón dejó que los israelitas salieran de Egipto, una a una, Dios envió Diez Plagas por todo Egipto. Estas comenzaron como algo pequeño pero finalmente llegó a matar a todos los primogénitos de Egipto.

¿Cómo pueden estos incidentes que ocurrieron hace miles de años, estar relacionados con nosotros en la actualidad, para que Dios haya permitido que estén escritos en la Biblia con tanto detalle?

Es para recordar que el poder de Dios fue manifestado por todo Egipto por medio de un hombre de Dios llamado Moisés, aunque la razón más importante es el significado espiritual que está en las Diez Plagas.

Dios utilizó esta situación porque quiere mostrarnos las razones por las cuales las personas enfrentan desastres y la manera de escapar de dichos desastres. Las Diez Plagas no solo fueron infligidas sobre la vida de los egipcios algunos de miles de años atrás; estas representan todos los tipos de calamidades que pueden suceder en nuestras vidas en la actualidad.

Apocalipsis 11:8 dice: *"Y sus cadáveres estarán en la plaza de la grande ciudad que en sentido espiritual se llama Sodoma y Egipto, donde también nuestro Señor fue crucificado"*. Egipto, en un sentido espiritual, se refiere a este mundo que está lleno de pecado.

Así como el Faraón tuvo que enfrentar muchos desastres cuando se puso en contra de Dios, aquellos que viven en pecado sufrirán de varios problemas. Todos estos problemas se encuentran en las 'Diez Plagas'.

La primera fue la plaga de sangre. Moisés le dijo a Aarón que golpeara el río Nilo con la vara, y toda el agua en Egipto se convirtió en sangre. ¡Cuán terrible debió haber sido mirar toda el agua convertida en sangre! Había pestilencia a sangre descompuesta y peces muertos por todas partes. Rápidamente los egipcios comenzaron a cavar pozos en la tierra para obtener agua ya que no podían beber o utilizar el agua que había en el río.

*"Asimismo los peces que había en el río murieron; y el río se corrompió, tanto que los egipcios no podían beber de él. Y hubo sangre por toda la tierra de Egipto. Y en todo Egipto hicieron pozos alrededor del río para beber, porque no podían beber de las aguas del río"* (Éxodo 7:21, 24).

Esta plaga de sangre representa el sufrimiento que viene por la falta de una de las necesidades básicas para la vida. Espiritualmente simboliza los problemas que enfrentamos en nuestro entorno, tales como nuestro hogar y lugar de trabajo.

Sin embargo, cuando los hechiceros de Egipto también convirtieron el agua en sangre, el Faraón endureció su corazón y no escuchó a Moisés. Entonces, llegó la segunda plaga.

Innumerables ranas salieron del río Nilo y llenaron toda la nación. Sin embargo, también los hechiceros de Egipto hicieron lo mismo. No solo llenaron las calles sino también las habitaciones e incluso sus artesas estaban llenas de ranas.

Una rana toro puede crecer y llegar a tener 20 cm y croa muy fuerte. Aunque no eran ranas toros las que habían surgido en Egipto, simplemente imagine ranas grandes y repulsivas que saltan por todas partes. Esto debe haber sido algo muy repugnante.

La rana es uno de los animales detestables, y espiritualmente, representa a Satanás (Apocalipsis 16:13). Las ranas ingresaron en el palacio, las habitaciones, las casas de los sirvientes de Faraón y del pueblo; esto simboliza las maldiciones impuestas por Satanás sobre la humanidad como un todo, sin importar la posición social o la edad de las personas. Las ranas incluso ingresaron en sus hornos y en sus artesas. Los 'hornos' hacen referencia a sus lugares de trabajo y sus negocios, y la 'artesa' a nuestro pan diario.

Por consiguiente, la plaga de las ranas simboliza la obra de Satanás tomando lugar en nuestros hogares y lugares de trabajo. Se vuelve algo insoportable cuando Satanás está obrando en el trabajo y en el hogar, e incluso en el pan diario.

Los hechiceros de Egipto también hicieron que salieran ranas, pero no pudieron deshacerse de ellas. Finalmente, el Faraón llamó rápido a Moisés y le prometió que dejaría ir a los israelitas si hacía que salieran las ranas. El Faraón dijo:

*"Orad a Jehová para que quite las ranas de mí y de mi pueblo, y dejaré ir a tu pueblo para que ofrezca sacrificios a Jehová"* (Éxodo 8:8).

Al siguiente día, cuando Moisés oró a Dios, todas las ranas en el palacio, las casas y las calles salieron y murieron.

No obstante, Éxodo 8:15 dice: *"Pero viendo Faraón que le*

*habían dado reposo, endureció su corazón y no los escuchó, como Jehová lo había dicho ".* Cuando el Faraón se encontraba en alguna necesidad, él le pedía a Moisés que le ayudara pero cuando la situación cambiaba, él también cambiaba de parecer. Debido a que Dios conocía el corazón de Faraón, las plagas continuaron hasta que obedeciera el mandato de Dios. Entonces, llegó la tercera plaga.

Moisés le dijo a Aarón que levantara la vara y golpeara el polvo de la tierra para que se convirtiera en piojos. Innumerables piojos se volvieron sobre las personas y los animales. El polvo sin vida se convirtió en piojos vivos, los cuales chupaban la sangre de las personas y los animales, causando picazón e inflamaciones.

Esta plaga espiritualmente simboliza una situación donde las cosas pequeñas de repente salen a la superficie y se convierten en problemas mayores causando mucho dolor y sufrimiento. Un ejemplo de ello es cuando los problemas pequeños entre hermanos siguen creciendo entre ellos, o entre el esposo y la esposa, causando luego peleas mayores.

Los piojos pueden vivir en las personas cuando ellas no son verdaderamente limpias. Por lo tanto, que los piojos estén en las personas significa que la plaga de piojos le ocurre a las personas que tienen tendencias a la maldad.

Los hechiceros egipcios no pudieron imitar la plaga de piojos ni las plagas que siguieron. Ellos pudieron imitar hasta cierto punto el acto de cambiar el agua en sangre o hacer que surjan ranas del río Nilo, pero no pudieron convertir el polvo de la tierra en piojos.

Salmos 62:11 dice: *"Una vez habló Dios; dos veces he oído esto: Que de Dios es el poder"*. Tal como se menciona, incluso con el avance de la ciencia médica, el hombre no puede revivir a una persona muerta o crear algo de la nada. Esta obra le pertenece solamente a Dios el Creador.

Los hechiceros egipcios confesaron que era por medio del poder de Dios (Éxodo 8:19), pero Faraón seguía siendo obstinado. Incluso después de ver el poder de Dios, él endureció su corazón aún más, lo cual lo llevó a sufrir plagas más severas como lo fue la plaga de las moscas.

Hasta la plaga de los piojos, si nosotros nos arrepentimos y cambiamos, podemos recuperarnos inmediatamente. No obstante, a partir de la plaga de las moscas, se crea un muro de pecado en contra de Dios, por lo que necesitaremos arrepentirnos por completo.

Las moscas cubrieron no solo las casas de las personas sino también la casa de los siervos de Faraón y su palacio. Es incómodo y molesto ver una mosca que vuela alrededor de la comida, ya que esta lleva en sí los gérmenes. Ahora, ¡cuán molestoso sería si viéramos innumerables moscas!

Las moscas se reproducen en lugares sucios y donde quiera que ellas vayan esparcen enfermedades. De igual manera, espiritualmente la plaga de moscas representa una situación donde las personas dicen palabras maliciosas provenientes de la maldad de sus corazones, y dichas palabras son esparcidas por todos lados. Esto se convierte en una trampa para ellos, y deben enfrentar enfermedades y problemas que llegan a sus vidas, sus hijos, sus cónyuges o lugares de trabajo.

*"Pero lo que sale de la boca, del corazón sale; y esto contamina al hombre. Porque del corazón salen los malos pensamientos, los homicidios, los adulterios, las fornicaciones, los hurtos, los falsos testimonios, las blasfemias"* (Mateo 15:18-19).

Una vez más Faraón le pidió a Moisés que eliminara las moscas y luego le prometió que dejaría ir a los israelitas, no obstante, cuando fueron quitadas las moscas, el Faraón no cumplió su promesa.

Finalmente, fueron infligidas las plagas de peste y úlceras, y no solo las personas sino también el ganado de Egipto llegó a sufrir por ellas. La peste es una enfermedad contagiosa e infecciosa que no es fácil de curar. Es epidémica y se esparce dentro del cuerpo. Mucho del ganado en Egipto murió debido a la peste.

El ganado incluía los caballos, los rebaños, las manadas, las cabras y los camellos que las personas habían criado. Eran parte importante de la riqueza del rey, sus sirvientes y del pueblo. Esto en la actualidad, debido a que son seres vivos, se refiere a los miembros de la familia que viven en una misma casa.

La peste que fue infligida en el ganado significa una de las causas del mal no sólo a sí mismo sino a sus familiares que sufren de enfermedades graves. Si una persona acumula maldad sobre maldad, Dios tiene que apartar Su rostro de dicha persona, y la maldad traerá sobre su vida muchos tipos de enfermedades.

Más grave que la peste es la plaga de las úlceras. La peste entra en el cuerpo, pero las úlceras se ubican en la parte externa del cuerpo. Esto causa llagas, picazón, secreción y pus. Es un caso serio de enfermedad de la piel o cuando existe una enfermedad dentro del cuerpo y empeora y se manifiesta en la parte externa del cuerpo.

Por ejemplo: el cáncer está dentro del cuerpo solo al principio, pero cuando este empeora, puede verse incluso en la parte externa. Lo mismo sucede con algunos tipo de tuberculosis, problemas del hígado o SIDA. Por lo general, aquellas personas que tienen estas enfermedades suelen ser personas de mal genio, arrogantes, tienen opiniones muy fuertes y menosprecian a los demás, y no aceptan fácilmente los errores de los demás.

A parte de estos casos, alguien puede enfrentar la plaga de las úlceras cuando comete un pecado grave con sus acciones, también conocido como obras de la carne, o cuando sus padres, miembros de la familia y ancestros han adorado ídolos de manera extensa. Pero aunque nuestros padres hayan adorado ídolos, si el hijo vive en la Palabra de Dios, no enfrentara ninguna calamidad ya que Dios lo protege.

Faraón no se arrepintió aun después de sufrir de este tipo de plagas, entonces cayó sobre Egipto la plaga de granizo con fuego. No solo destruyó los cultivos de todo Egipto sino también muchos animales y personas que se encontraban afuera.

Una piedra de granizo podía tener el tamaño de 15 cm de diámetro. Ese es el tamaño de una toronja o pomelo grande. Es inimaginable pensar que este tipo de granizo caía del cielo con fuego. Esto debe haber causado tanto daño no solo a los cultivos, sino también a las casas y al ganado.

Espiritualmente, la plaga del granizo se refiere a accidentes o incidentes inesperados que causan gran daño a la salud de los individuos. Esto se puede comparar cuando un miembro de la familia está involucrado en un accidente grave o se le ha diagnosticado una enfermedad seria, lo que da como resultado que los costos de tratamientos sean muy elevados.

Por ejemplo: cuando un creyente tiene deseos de dinero y solo se preocupa por ganar más dinero, puede ser que no guarde el Día del Señor por completo. Entonces, de repente ocurre un problema en su lugar de trabajo o negocio y pierde su dinero debido a un accidente o enfermedad. Esto es similar a la plaga de granizo. Debido a que la plaga solo dañó cierta parte de los cultivos en el campo, no significa que todas las cosas se perderán como resultado de la plaga de granizo.

No obstante, los cultivos que quedaron después de la plaga de granizo se acabaron por completo debido a la plaga de las langostas que vino después. El enjambre de millones de langostas debe haber sido algo terrorífico para ellos.

*"La cual cubrirá la faz de la tierra, de modo que no pueda verse la tierra; y ella comerá lo que escapó, lo que os quedó del granizo; comerá asimismo todo árbol que os fructifica en el campo. Y llenará tus casas, y las casas de todos tus siervos, y las casas de todos los egipcios, cual nunca vieron tus padres ni tus abuelos, desde que ellos fueron sobre la tierra hasta hoy. Y se volvió y salió de delante de Faraón"* (Éxodo 10:5-6).

Una vez que las langostas barren con el campo, ni siquiera una hoja de césped permanecerá. Es una terrible calamidad. La plaga de las langostas arrasa con todas las cosas, y el daño que ocasiona es mayor que la plaga de granizo.

Por ejemplo: comparándolo con la plaga de granizo, el resultado de la plaga de langostas puede dar como resultado la bancarrota, una enfermedad incurable o un hijo que se pierde al punto de no retornar. En este caso, toda la familia o las entidades financieras se destruirán. Si no nos arrepentimos incluso luego de enfrentar este tipo de plaga, no permanecerá absolutamente nada.

Cada vez que llegó una plaga, el Faraón prometía que dejaría ir al pueblo de Israel, pero cuando pasaba la plaga siempre cambiaba de opinión.

Ahora, Moisés había levantado su mano hacia el cielo,

y recayó la plaga de las tinieblas sobre Egipto. No hubo luz alguna, no había la luz del sol ni de la luna. ¡Los egipcios debieron haber sentido mucho miedo!

*"Jehová dijo a Moisés: Extiende tu mano hacia el cielo, para que haya tinieblas sobre la tierra de Egipto, tanto que cualquiera las palpe. Y extendió Moisés su mano hacia el cielo, y hubo densas tinieblas sobre toda la tierra de Egipto, por tres días. Ninguno vio a su prójimo, ni nadie se levantó de su lugar en tres días; mas todos los hijos de Israel tenían luz en sus habitaciones"* (Éxodo 10:21-23).

Cuando la oscuridad se produce justo antes de la muerte, significa que las tinieblas cubren la vida de uno, y la persona no tiene esperanza en ningún aspecto de su vida. Este tipo de plaga viene sobre aquellos que tienen un corazón duro y no se arrepienten en absoluto, aun después de perder todo lo que tenían.

Esto se debe a que no reconocen la existencia de Dios. Incluso si confiesan creer, no guardan la Palabra de Dios sino que simplemente acumulan la maldad. Se trata de una gran plaga que está cerca de la muerte, pero en sí su vida no es dañada.

Incluso después de la plaga de la tiniebla, el Faraón no permitió que Israel saliera de Egipto. Finalmente, tuvo que enfrentar la plaga de la muerte de todo primogénito.

Espiritualmente se refiere a la situación donde el niño más querido de uno u otro miembro de la familia muere o se dirige profundamente a la corrupción y no puede ser salvo.

Las Diez Plagas se hicieron cada vez más graves y fatales a medida que se infligió una por una. Aun cuando los siervos del Faraón decían que Egipto había sido destruido, el Faraón no se apartaría de su camino.

Como resultado Dios añadió la plaga de la muerte de todo primogénito en Egipto.

> *"Y morirá todo primogénito en tierra de Egipto, desde el primogénito de Faraón que se sienta en su trono, hasta el primogénito de la sierva que está tras el molino, y todo primogénito de las bestias"* (Éxodo 11:5).

## Dios aparta la tierra de Gosén

¿Los israelitas también sufrieron de las plagas que tuvieron que padecer los egipcios?

En ese momento, los israelitas se encontraban en Gosén. Debido a que la mayoría de israelitas criaban ganado, algo que los egipcios detestaban, ellos formaron un pueblo separado. Sin embargo, ninguna de las plagas fueron infligidas en la tierra de Gosén.

*"Porque si no dejas ir a mi pueblo, he aquí yo enviaré sobre ti, sobre tus siervos, sobre tu pueblo y sobre tus casas toda clase de moscas; y las casas de los egipcios se llenarán de toda clase de moscas, y asimismo la tierra donde ellos estén. Y aquel día yo apartaré la tierra de Gosén, en la cual habita mi pueblo, para que ninguna clase de moscas haya en ella, a fin de que sepas que yo soy Jehová en medio de la tierra"* (Éxodo 8:21-22).

Como está escrito, incluso aunque toda la tierra de Egipto estuvo cubierta de moscas, en Gosén no había ni una sola mosca. Esta era la señal de que Dios había separado a los israelitas de los egipcios.

Adicionalmente, no fueron afectados de la peste, úlceras, granizo ni las langostas. Las plagas no recayeron en la tierra de Gosén. Aunque hubo completas tinieblas sobre todo Egipto, en la tierra de Gosén había luz. Aquellos que pudieron ver esto estaban asombrados y dieron gloria a Dios.

## La plaga de la muerte de todo primogénito y la pascua

Dios permitió que toda la tierra de Egipto supiera de la muerte de todos los primogénitos, y le dio instrucciones a los israelitas. En el día de esta gran plaga sobre Egipto, debían tomar un cordero macho de un año de edad sin defecto, y colocar su sangre sobre el dintel y los dos postes. Además, no les era permitido salir hasta el amanecer.

*"Porque Jehová pasará hiriendo a los egipcios; y cuando vea la sangre en el dintel y en los dos postes, pasará Jehová aquella puerta, y no dejará entrar al heridor en vuestras casas para herir"* (Éxodo 12:23).

El hecho de colocar la sangre sobre el dintel y los dos postes, simbolizaba a Jesucristo y Su sangre redentora. Esto quiere decir que podemos ser perdonados de nuestros pecados y recibir salvación por medio de la sangre del Señor. Concerniente a esto, Jesús dijo: *"Yo soy la puerta; el que por mí entrare, será salvo; y entrará, y saldrá, y hallará pastos"* (Juan 10:9).

Además debían asar la carne y comerla con pan sin levadura y hierbas amargas. Tal como Jesús menciona en Juan 6:53: *"De cierto, de cierto os digo: Si no coméis la carne del Hijo del Hombre, y bebéis su sangre, no tenéis vida en vosotros"*, debemos aceptar la carne de Jesús, es decir, la Palabra de Dios.

Dios también les dijo que no comieran nada crudo ni cocinado en agua, sino que comieran su cabeza, patas y entrañas asadas sobre el fuego. Quiere decir que debemos tomar los sesenta y seis libros de la Biblia mediante la inspiración del Espíritu Santo.

De acuerdo a este mandato de Dios, los israelitas tomaron un cordero sin defecto, macho de un año o macho cabrío, colocaron su sangre en el dintel y los postes de las puertas y comieron la carne asada al fuego.

Tarde en la noche, hubo gran llanto en todo Egipto. Desde el ganado hasta las personas, todos los primogénitos murieron. Sin embargo, los israelitas fueron protegidos.

*"Vosotros responderéis: Es la víctima de la pascua de Jehová, el cual pasó por encima de las casas de los hijos de Israel en Egipto, cuando hirió a los egipcios, y libró nuestras casas. Entonces el pueblo se inclinó y adoró"* (Éxodo 12:27).

Desde ese momento hasta la actualidad, Israel rememora la gracia de Dios que los guardó de la muerte de los primogénitos. Ellos siguen celebrando la Pascua y comiendo el pan sin levadura durante siete días; recordando el sufrimiento que tuvieron en Egipto.

Capítulo 3

# "Y sabréis que yo soy Jehová vuestro Dios"

- El Éxodo -

## Éxodo 16:11-15

꧁꧂

"Y Jehová habló a Moisés, diciendo: Yo he oído las murmuraciones de los hijos de Israel; háblales, diciendo: Al caer la tarde comeréis carne, y por la mañana os saciaréis de pan, y sabréis que yo soy Jehová vuestro Dios. Y venida la tarde, subieron codornices que cubrieron el campamento; y por la mañana descendió rocío en derredor del campamento. Y cuando el rocío cesó de descender, he aquí sobre la faz del desierto una cosa menuda, redonda, menuda como una escarcha sobre la tierra. Y viéndolo los hijos de Israel, se dijeron unos a otros: ¿Qué es esto? porque no sabían qué era. Entonces Moisés les dijo: Es el pan que Jehová os da para comer".

Faraón no quería dejar ir a los israelitas a pesar de que Egipto había sido perjudicado debido a los diferentes tipos de plagas. Sin embargo, luego de la plaga de la muerte de los primogénitos, finalmente cedió. Todos los primogénitos de los egipcios, incluyendo el ganado, murieron durante la noche. El llanto de todo Egipto parecía haber llegado hasta los cielos.

"¡Oh, mi hijo... hijo de Faraón!"

Faraón había endurecido su corazón, pero no tenía más remedio que rendirse ante la muerte de su hijo. Entonces llamó a Moisés y le dijo que tomara al pueblo de Israel y se fuera de Egipto.

Los egipcios tuvieron que sufrir de grandes plagas debido a la terquedad de Faraón. No obstante, instaron a los israelitas que se fueran rápidamente y les dieron plata y oro e incluso sus ropas. Entendiendo esto, podemos imaginar lo mucho que habían sufrido debido a las Diez Plagas. Dios ya le había dicho a Moisés acerca de ello cuando Él lo llamó.

*"Y yo daré a este pueblo gracia en los ojos de los egipcios, para que cuando salgáis, no vayáis con las manos vacías; sino que pedirá cada mujer a su vecina y a su huéspeda alhajas de plata, alhajas de oro, y vestidos, los cuales pondréis sobre vuestros hijos y vuestras hijas; y despojaréis a Egipto"* (Éxodo 3:21-22).

Todo fue hecho tal cual lo había anunciado Dios anteriormente. La esclavitud de los israelitas en Egipto había llegado a su fin, y habían partido hacia la tierra prometida en Canaán.

## El Éxodo, el escape glorioso

Con Moisés al frente, los israelitas salieron de Ramsés hacia Sucot con sus rebaños y manadas. Solo contabilizando los hombres adultos había 600 000, por lo tanto, incluyendo los niños, los ancianos y las mujeres habían aproximadamente más de dos millones de personas. ¡Solo imagine esta cantidad de personas movilizándose al mismo tiempo!

Ya que habían criado ganado durante 400 años, sus rebaños y ganados eran grandes en número. Con el sonido de los animales y el ruido de las carrozas, debió haber sido una conmoción.

Los niños fueron corriendo y las personas ancianas también se apresuraban para no quedarse atrás de la congregación. Estaban llenos de gozo por haber sido rescatados de la esclavitud y entusiasmados como niños en un día de campo.

La gente podría haber estado feliz con la esperanza de poder disfrutar de las bendiciones en la tierra de Canaán, pero Moisés era diferente. Él debía tomar la responsabilidad de guiar solo a esta gran multitud de personas. Así como José había pedido en su testamento que tomaran su cadáver y lo llevaran a la Tierra Prometida, Moisés tomó la delantera con los huesos de José.

El camino más corto de Egipto a Canaán era seguir la línea costera del Mediterráneo, ir a través de la franja de Gaza en la actualidad y continuar a lo largo de la ruta a través de la tierra de los filisteos.

Debido a que aquellos que intentaban invadir a Egipto tomaban esta ruta, los límites estaban fuertemente resguardados. Incluso si cruzaban la frontera para ir directamente donde estaban los filisteos, habrían provocado la guerra contra ellos.

Pero con la fe de los israelitas en ese momento, la guerra no era ni siquiera una opción, ya que no tenían la fe suficiente para batallar una guerra. Por el contrario, hubieran tenido que regresarse a Egipto.

Los israelitas estaban simplemente felices de haber sido liberados de la esclavitud; ellos no poseían una fe sincera en Dios. Si tenían algún tipo de dificultad, ellos habrían querido regresar a Egipto.

Si una gran prueba viene sobre la vida de un nuevo creyente y no puede vencerla, nuevamente se irá al mundo. En ese entonces los israelitas eran muy similares a esto.

# Ruta del Éxodo de Israel

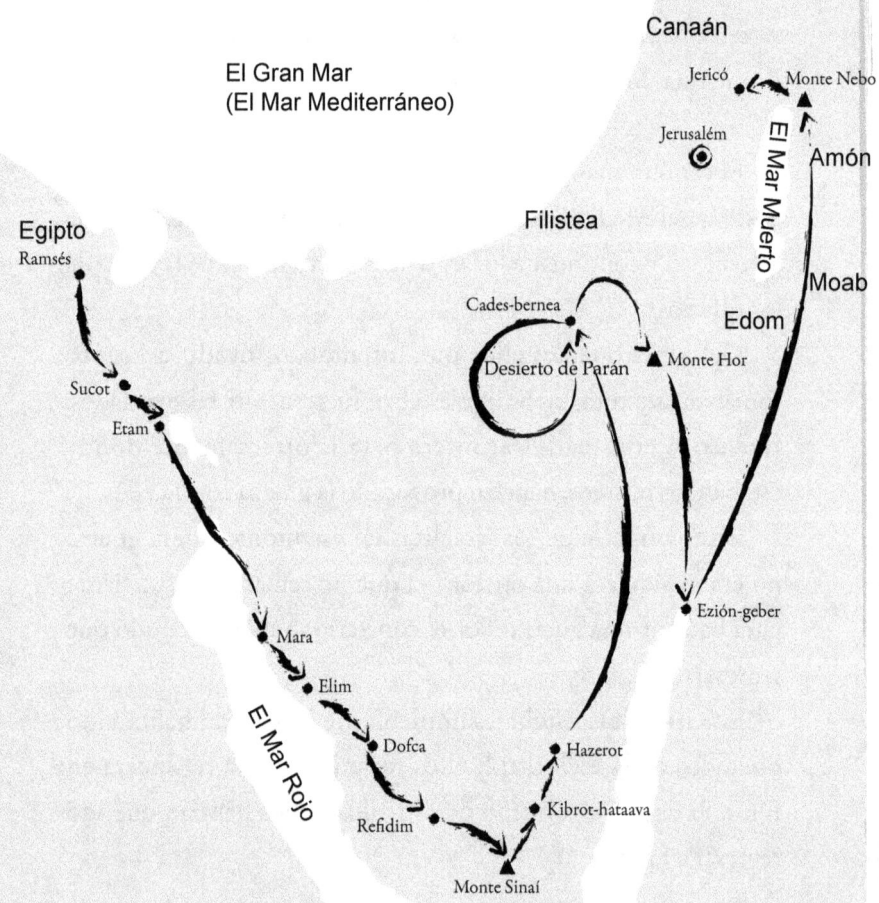

El Gran Mar
(El Mar Mediterráneo)

Canaán

Jericó
Monte Nebo

Jerusalém

El Mar Muerto

Amón

Filistea

Moab

Cades-bernea

Edom

Desierto de Parán

Monte Hor

Egipto
Ramsés

Ezión-geber

Sucot

Etam

Mara

El Mar Rojo

Elim

Dofca

Hazerot

Refidim

Kibrot-hataava

Monte Sinaí

Ya que Dios conocía de esta situación, Él no tomó la ruta más corta sino que les permitió cruzar el Mar Rojo y dar vueltas en el desierto, a pesar de que este fue un camino más difícil de recorrer.

*"Y luego que Faraón dejó ir al pueblo, Dios no los llevó por el camino de la tierra de los filisteos, que estaba cerca; porque dijo Dios: Para que no se arrepienta el pueblo cuando vea la guerra, y se vuelva a Egipto"* (Éxodo 13:17).

## El cruce del Mar Rojo

Desde el momento que los israelitas dejaron Egipto, Dios iba delante de ellos guiándolos con una columna de nubes durante el día y una columna de fuego durante la noche. Al cubrirlos del sol abrazador en el desierto con nubes espesas, Dios les permitió ir por el calor sofocante del desierto.

En las partes secas de la Tierra, como lo es el desierto de África y el Medio Oriente, la temperatura es mucho más baja en la sombra. Además, Dios les dio la columna de fuego durante la noche para que pudieran superar el frío en el desierto durante la noche.

Pero la marcha pacífica de Israel terminó en poco tiempo; pronto se hallaron en un dilema. Después de que Faraón dejó ir a los israelitas, se arrepintió. Tomó 600 carros especiales de guerra y todos los capitanes de Egipto para atraparlos. Dios sabía de antemano que esto sucedería, por lo tanto, ya se lo había dicho a Moisés.

Cuando ellos estuvieron a punto de llegar al Mar Rojo, los israelitas vieron el ejército del Faraón que los seguían con carros y caballos los cuales hacían levantar el polvo por todas partes. Delante de ellos se encontraba el Mar Rojo y por detrás el ejército egipcio que los perseguía.

Luego, los israelitas se quejaron y dijeron: *"¿No había sepulcros en Egipto, que nos has sacado para que muramos en el desierto?...Porque mejor nos fuera servir a los egipcios, que morir nosotros en el desierto"* (Éxodo 14:11-12). Ellos estaban clamando ante Moisés con mucho miedo.

Salieron de Egipto porque Dios había escuchado el clamor de ellos mientras sufrían por la esclavitud. Moisés no sacó a Israel a la fuerza. Además, ¿quién es Dios? Él permitió terribles plagas en todo Egipto y mató a todo primogénito de Egipto durante la noche, pero protegió a todos los israelitas.

Si ellos hubieran creído en Dios, quien controla la vida y la muerte, no se hubieran tenido que preocupar por los egipcios en absoluto. Pero incluso después de ver tales obras del poder de Dios, no podían aún creer en Él. Incluso en ese momento se encontraban quejándose en contra de Dios.

Sin embargo, Él no reprendió a los israelitas que tenían poca fe, sino que mostró una obra de gran poder por medio de Moisés. Dios no reprendió a las personas que tenían poca fe, sino que se preocupó por ellas como con amor de un padre que se preocupa por su hijo recién nacido. Fue por medio de la fe de Moisés que Dios pudo mostrar otra obra maravillosa.

Moisés habló con denuedo a los asustados y temblorosos israelitas.

*"Y Moisés dijo al pueblo: No temáis; estad firmes, y ved la salvación que Jehová hará hoy con vosotros; porque los egipcios que hoy habéis visto, nunca más para siempre los veréis. Jehová peleará por vosotros, y vosotros estaréis tranquilos"* (Éxodo 14:13-14).

¡Qué hermosa profesión de fe es ésta! Moisés no puso su mirada en la profundidad del Mar Rojo o el ejército de Egipto que los estaban persiguiendo. Solo puso su mirada en la grandiosa obra de Dios que estaba a punto de suceder.

Tal como Moisés confesó, Dios comenzó a obrar a favor de los israelitas. Primeramente, el ángel de Dios que había ido delante del campamento de Israel, se movió y fue detrás de ellos, y la columna de nubes también se movió de delante y se colocó detrás de los israelitas.

Luego, durante la noche, el lado de los israelitas tenía luz, pero solo había nubes y oscuridad en el lado de los egipcios. El ejército egipcio no podía marchar debido a la completa oscuridad.

Finalmente, Moisés extendió su vara tal como Dios se lo había pedido. Mediante un fuerte viento del este que sopló durante todala noche, dividió el mar y lo convirtió en tierra seca, por lo que las aguas se dividieron.

Simplemente intente imaginar esta escena magnífica en su mente.

Con el sonido de truenos y un gran viento, el vasto mar fue dividido, y las personas comenzaron a caminar por el medio del mar. Las aguas formaron paredes a sus costados.

Simplemente imagínese caminando en medio del mar. Posiblemente estaría temblando de asombro y maravillado de la gran obra del poder de Dios. ¿No le daría la gloria a Dios por mostrarle tan maravillosa obra y lo alabaría y adoraría desde lo profundo de su corazón?

Más de dos millones de personas incluyendo niños, ancianos y sus rebaños y manadas estaban cruzando por en medio del mar.

No obstante, el ejército egipcio, el cual no podía avanzar debido a la oscuridad, pronto los alcanzó y comenzaron a seguirlos. Pronto ingresaron por el camino que se había formado dentro del mar. Parecía que dentro de poco atraparían a los israelitas, pero tuvieron mucha dificultad para hacerlo.

Las ruedas de sus carruajes comenzaron a salirse y tuvieron muchos problemas para conducir sus carros. Algunos de estos soldados que sintieron algo extraño pensaron: "Huyamos de

Israel, porque Jehová pelea por ellos contra los egipcios".
Estaban en lo correcto con lo que sentían. Cuando los israelitas terminaron de cruzar el Mar Rojo que había sido dividido, Moisés extendió sus manos nuevamente sobre el mar. Entonces el Mar Rojo que había sido dividido volvió a la normalidad.

"¡Oh...oh!"

En cuestión de segundos, todo el ejército de Egipto fue sepultado en el agua.

En ese momento, Moisés y los israelitas alabaron y adoraron a Dios con acción de gracias al Padre por haberlos salvado de la mano de los egipcios. Los sentimientos de Moisés fueron muy diferentes a los de los demás, ya que él era responsable por la seguridad de las personas.

*"Jehová es mi fortaleza y mi cántico, y ha sido mi salvación. Este es mi Dios, y lo alabaré; Dios de mi padre, y lo enalteceré"* (Éxodo 15:2).

*"¿Quién como tú, oh Jehová, entre los dioses? ¿Quién como tú, magnífico en santidad, terrible en maravillosas hazañas, hacedor de prodigios?"* (Éxodo 15:11).

La hermana de Moisés, Miriam y las demás mujeres también

danzaron con panderos en sus manos dándole la gloria a Dios.

*"Y María les respondía: Cantad a Jehová, porque en extremo se ha engrandecido; ha echado en el mar al caballo y al jinete"* (Éxodo 15:21).

Las Diez Plagas en sí habían sido algo increíble, pero Dios una vez más confirmó que Él estaba con Israel. Y también confirmó y atestiguó por Moisés al dividir el Mar Rojo.

Debido a que Moisés tuvo la fe para obedecer aún las cosas que no podían realmente ser obedecidas, ellos pudieron ver las asombrosas obras de Dios.

Moisés no hubiera sido obediente al mandato de Dios de dividir el Mar Rojo si él hubiera tenido pensamientos o teorías humanas. No obstante, cuando él obedeció con fe, el mar fue dividido mediante el poder de Dios. Todas estas cosas que le pertenecen a Dios son posibles solo mediante la fe.

## Quejas de los israelitas en Mara

Luego de haber cruzado el Mar Rojo, los israelitas salieron al desierto de Shur. Sin poder conseguir agua potable para beber, llegaron a un lugar llamado 'Mara'. Finalmente encontraron agua, pero esta era muy amarga como para beberla.

Pronto ellos comenzaron a quejarse en contra de Moisés.

Ellos fueron testigos de las Diez Plagas, y habían cruzado el Mar Rojo en tierra seca tan solo tres días atrás, pero inmediatamente y sin dudarlo, comenzaron a expresar sus quejas tan pronto como enfrentaron dificultades.

Por supuesto, debió haber sido muy difícil para ellos no poder conseguir nada de agua para beber durante tres días en el calor seco del desierto. No obstante, no fueron capaces siquiera de tener una fe mínima pensando: "El Dios Todopoderoso quien dividió el Mar Rojo nos dará agua si le pedimos".

Pero Dios, que es paciente, le mostró a Moisés un árbol para que lo arrojara en las aguas y que el agua amarga se convirtiera en agua dulce. En este caso, ¿cuál es la razón por la que Dios hizo que Moisés arrojara un árbol al agua?

Esto nos muestra que a través de la obra de Dios, Él puede hacer que el agua sea dulce aun por medio de un árbol. Es decir, nos muestra que Dios es Todopoderoso; que Él puede crear cosas de la nada y hacer que lo imposible sea posible. Además fue para permitir que los israelitas pudieran comprender que ellos no eran diferentes a una rama seca de un árbol, debido a que seguían quejándose en cada asunto complicado, a pesar de haber experimentado maravillosas obras de Dios.

El agua hace referencia al agua viva, que es la Palabra de Dios, y cuando un árbol seco fue arrojado al agua, pronto esta se hizo agua dulce. Esto significa que incluso una persona que es arrojada como un árbol seco puede ser renovado si es que vive por medio de la Palabra de Dios.

## Una vez más, repetidas quejas

Entonces salieron hacia Elim, y toda la congregación de los hijos de Israel llegó al desierto de Sin que se encuentra entre Elim y Sinaí. Pero allí enfrentaron otro problema. La comida que habían traído con ellos desde Egipto se les había acabado. Ellos recordaron cuando tenían suficiente pan para comer en Egipto, y pronto comenzaron a quejarse. Ya se habían olvidado de la esclavitud y la severa persecución que padecían.

Los israelitas no pudieron tolerar nada. Inmediatamente se quejaban cada vez que enfrentaban alguna dificultad, no obstante, Dios no tomaba eso en cuenta, al contrario, los alimentó con maná y codornices. Esto se debió a que, cuando siguieron a Moisés y no se apartaron de la multitud del Éxodo en el desierto, Dios lo consideró como un acto de fe.

Cada atardecer las codornices venían y cubrían su campamento. En la mañana, se formaba una capa de rocío alrededor del campamento. Cuando la capa de rocío se evaporaba, sobre el suelo del desierto había una cosa menuda, redonda, menuda como una escarcha sobre la tierra. Este era el maná que descendía del cielo. Era de color blanco, y su sabor era como el de obleas con miel.

Dios les dijo que solo tomaran lo que necesitaban (Éxodo 16:16) y que no dejaran nada para el siguiente día. Pero debido a que algunas personas desobedecieron y guardaron algo de maná para el siguiente día, crió gusanos y comenzó a oler mal.

Con el maná y las codornices que Dios les daba cada día, podían marchar con suficiente alimento, aún en el árido desierto.

A medida que transcurrió el tiempo, en vez de tener esperanza por la tierra de Canaán en la cual fluía leche y miel, los israelitas se sintieron cada vez más irritados a causa de la esterilidad de la vida en el desierto. Lo único que pudieron ver fue el desierto y las montañas rocosas.

Salieron del desierto de Sin de acuerdo al mandato de Dios y acamparon en Refidim, lugar en el que no habíaagua para que las personas bebieran. Por consiguiente, las personas se quejaron en contra de Moisés y dijeron: "Danosaguapara que podamos beber".

Algunos de ellos estaban tan enfurecidos contra Moisés que estuvieron a punto de apedrearlo. ¿Qué fue lo que sintió Moisés en ese entonces?

*"Entonces clamó Moisés a Jehová, diciendo: ¿Qué haré con este pueblo? De aquí a un poco me apedrearán"* (Éxodo 17:4).

Lo único que podía hacer Moisés delante de Dios era orar. Entonces Dios le dijo a Moisés: *"Pasa delante del pueblo, y toma contigo de los ancianos de Israel; y toma también en tumanotuvaracon que golpeaste el río, y ve"* (v. 5). Dios le dijo que golpeara lapiedrade Horeb. Cuando Moisés hizo en presencia de los ancianos de Israel lo que Dios le había dicho, de la roca salió agua.

Incluso después de esto, el pueblo de Israel no pudo mostrar fe cuando enfrentaron varios problemas. La compasión que Moisés sentía cada vez no podía ser expresada con palabras. Tuvo que orar a favor de las personas que no tenían fe para hacerlo y atraer la gracia de Dios para con ellos. Al mismo tiempo, tenía que calmarlos, enseñarles la verdad y sembrar fe en sus vidas.

Mientras ellos renegaban y se quejaban en Refidim, las fuerza amalecitas los atacaron. Moisés le dijo a Josué que escogiera hombres con habilidad de combate y peleara en contra de Amalec. Entonces Moisés se paró en lacumbredel collado con lavarade Dios en sumanopara orar. En ese momento, cuando ambas manos de Moisés estaban levantadas, los israelitas ganaban, pero cuando sus manos bajaban las fuerzas de los amalecitas comenzaban a ganar.

A medida que pasaba el tiempo y las manos de Moisés se debilitaban, Aarón y Hur tomaron una piedra y la colocaron debajo de él para que se sentara, y ellos le sostenían las manos, uno a un lado y otro al otro lado. De esta manera sus manos tuvieron firmeza hasta que se pusoelsol. Fue de esta manera que pudieron ganar la batalla.

# Los Diez Mandamientos, los estatutos y la Ley

Ahora Jetro, el sacerdote de Midian y suegro de Moisés, tomó a laesposa de Moisés, Séfora, y sus dos hijos y se dirigió al lugar donde estaba Moisés. Moisés detalladamente le contó las obras asombrosas de Dios que habían sucedido durante el Éxodo. Jetro alabó y adoró a Dios y juntos se regocijaron.

Al siguiente día, Jetro vio algo que le pareció extraño. Muchas personas hacían fila para ver a Moisés y preguntarle cuál era la voluntad de Dios. Cuando una persona terminaba de hablar con Moisés, otra comenzaba a explicarle cuál era su situación. La fila nunca se hacía más pequeña, e incluso todo un día no era suficiente.

Anteriormente, cuando los israelitas vivían en Egipto, ellos se encontraban bajo el control de las leyes de Egipto. Pero desde el momento en el que ellos salieron de Egipto ya no había ley para ellos. Por consiguiente, se acercaban donde Moisés para que mediara en la persecución y la condenación. ¿Puede imaginarse como fue esta situación ya que Moisés era simplemente una sola persona y estaba tratando con más de dos millones de personas?

Jetro le aconsejó a Moisés que eligiera a hombres temerososde Dios,hombres veraces, que detestaran las gananciasdeshonestas. Adicionalmente, le aconsejó que debería colocar a hombres sobre las personas como líderes de millares, de centenas, de cincuenta y de diez, para los problemas menores y que él lidiara solo con problemas mayores. Jetro le pidió a Moisés que lo hiciera pidiéndole permiso a Dios (Éxodo 18:23). A pesar de que él era un gentil, conocía muy bien acerca de los principios.

Moisés creyó que esto era bueno, por lo tanto, designó a líderes sobre miles, centenas, cincuenta y diez. No obstante, aún debía darles la ley la cual podía ser la norma y la regla de juicio. Por consiguiente, Dios los guió al Monte Sinaí para que allí se santificaran. Luego les dio los Diez Mandamientos y la Ley por medio de Moisés.

Los israelitas tenían miedo de la apariencia de Dios el SEÑOR en el Monte Sinaí. A nombre de ellos, Dios llamó a Moisés al Sinaí. Allí, Dios mismo escribió los Diez Mandamientos en tablas de piedra y les dio la Ley.

*"Yo soy Jehová tu Dios, que te saqué de la tierra de Egipto, de casa de servidumbre"* (v. 2).

*"No tendrás dioses ajenos delante de mí"* (v. 3).

*"No te harás imagen...no te inclinarás a ellas, ni las honrarás"* (vv. 4-5).

*"No tomarás el nombre de Jehová tu Dios en vano...* (v. 7).

*"Acuérdate del día de reposo para santificarlo"* (v. 8).

*"Honra a tu padre y a tu madre..."* (v. 12).

*"No matarás..."* (v.13).

*"No cometerás adulterio"* (v. 14).

*"No hurtarás"* (v. 15).

*"No hablarás contra tu prójimo falso testimonio"* (v. 16).

*"No codiciarás la casa de tu prójimo..."* (v. 17).

(Éxodo 20:2-17)

Además, Dios les dio detalladamente los estatutos y leyes concernientes al altar, los siervos, la violencia, la restitución, la moral, la justicia y el bienestar.

Los Diez Mandamientos pueden ser considerados en la actualidad con la constitución de una nación. Los estatutos y las leyes son normas y regulaciones que rigen sobre casos civiles, criminales y familiares. Los estatutos y leyes fueron ordenanzas y regulaciones detalladas de los Diez Mandamientos. Esto permitía que se pudiera lidiar con los problemas que podían surgir en el diario vivir.

Eran ordenanzas dadas de acuerdo con la estructura social en ese momento, con justicia y amor de Dios. Por consiguiente, los Diez Mandamientos y las ordenanzas no fueron dadas para causar cargas sobre la vida de los israelitas.

En especial, los Diez Mandamientos no fueron simplemente algunas reglas, eran la orden absoluta que va más allá del nivel de la moral personal. En lo externo los Diez Mandamientos pueden parecer leyes y ordenanzas, pero en realidad contienen el pacto de la salvación.

Los israelitas se salvaron de la muerte de los primogénitos en Egipto, poniendo la sangre, lo que representa la sangre del Señor Jesús, a los lados y en el dintel de la puerta. De igual manera, ellos pudieron recibir salvación cuando vivían en la Palabra de Dios al guardar los Diez Mandamientos.

Además de ello, Dios no simplemente dio Sus propios mandamientos y los forzó a obedecerlos, sino que primeramente los israelitas experimentaron muchas obras poderosas por lo que pudieron creer y voluntariamente obedecer. Los Diez Mandamientos eran una norma estricta por medio de la cual los israelitas pudieron convertirse o no en el pueblo escogido de Dios.

Asimismo, incluso en la actualidad, si se guardan los mandamientos de Dios, esto afectará a la salvación y también será determinante para poder o no recibir el amor y las bendiciones de Dios.

Los Diez Mandamientos son la consolidación de todos los sesenta y seis libros de la Biblia, la Palabra de Dios. Si entendemos el significado espiritual que se encuentra en ello y lo guardamos, entonces podremos entender la voluntad de Dios y seguirla.

## El tabernáculo

En el Monte Sinaí, Dios también le habló a Moisés detalladamente acerca del tabernáculo. El tabernáculo era un lugar para que Dios more; en cierto sentido era como una iglesia en la actualidad. El tabernáculo como un todo era un lugar santo. Especialmente el lugar santísimo fue separado dentro del tabernáculo. Solo el sumo sacerdote podía ingresar una vez al año para la expiación de los pecados, y los pecadores no podían ingresar a este lugar.

Pero cuando Jesús murió en la cruz por nosotros, el velo que separaba al lugar santísimo fue partido en dos. Esto significa que el camino para que nosotros fuéramos donde Dios había sido abierto (Hebreos 10:19-20). Anteriormente, las personas solo podían ir a Dios a través del sacerdote, pero ahora podemos comunicarnos con Dios directamente.

La razón por la que Dios les permitió construir el tabernáculo fue porque Él conocía muy bien el corazón de las personas. Debido a que Él conocía los deseos de las personas que quieren ver cosas que sean visibles y tocar cosas tangibles, Dios les permitió construir el tabernáculo visible y permitió que Su gloria permaneciera sobre ella.

Además, era también para el perdón de los pecados. Fue

porque, después de los Diez Mandamientos, y los estatutos y leyes que fueron dadas, fue inevitable que las personas cometieran crímenes.

La ley del Antiguo Testamento es 'ojo por ojo, diente por diente, mano por mano y pie por pie'. Ya que no era la época del Espíritu Santo, no pudieron descubrir los pecados y la maldad en sus corazones. Por lo tanto, la única manera de prevenir los crímenes era con un castigo riguroso. Así como un poco de levadura leuda toda la masa rápidamente, incluso un crimen menor podía esparcirse y desarrollarse rápidamente si no se lo castigaba. Es por ello que Dios los castigó con dureza.

Supongamos que una persona accidentalmente causa que la mano de otra persona sufra una discapacidad; entonces tenía que hacer que su propia mano también sufriera una discapacidad de acuerdo a la Ley. Entonces muchos israelitas habrían sido discapacitados antes de haber llegado a la tierra de Canaán.

Por consiguiente, Dios abrió un camino para aquellos que cometían pecados para que fueran al tabernáculo con sus sacrificios para que así pudieran ser perdonados de sus pecados. El libro de Levítico describe acerca de las diferentes maneras de sacrificios y formas de expiación a través de las cuales los pecadores pueden ser perdonados de sus pecados ante Dios.

Levítico 11:45 dice: *"...seréis, pues, santos, porque yo soy santo"*. El libro de Levítico es el libro guía para la reconciliación entre Dios y el hombre. Se enfoca en cómo los pecados pueden ser perdonados, y cómo las personas pueden llevar una vida santa como el Santo Dios. Asimismo, los sacrificios que se hicieron a través del arbitraje de los sacerdotes simboliza que podemos llegar a Dios a través de Jesucristo.

## El amor de Moisés, un hombre de Dios

Moisés se encontraba ayunando por cuarenta días en el Monte Sinaí mientras recibía los Diez Mandamientos y los detalles acerca del tabernáculo. Sinaí es una montaña de roca donde es difícil que un árbol pueda crecer y proveer sombra del sol abrazador.

Mientras Moisés estaba ayunando y comunicándose con Dios en ese lugar desolado, donde ni siquiera podía obtener agua, algo completamente inesperado sucedía en el campamento con el pueblo.

Ya que no había noticias de parte de Moisés, quien se encontraba en el monte, las personas se pusieron impacientes y pidieron algo a Aarón.

*"Haznos dioses que vayan delante de nosotros; porque a este Moisés, el varón que nos sacó de la tierra de Egipto, no sabemos qué le haya acontecido"* (Éxodo 32:23).

Aarón no podía soportar las peticiones de la gente por más tiempo e hizo un becerro de oro. Israel cometió el pecado grave de la idolatría. Estaban ofreciendo sacrificios delante de una imagen de un becerro y disfrutando de la bebida y la comida. Ellos habían recibido mucha gracia de parte de Dios, pero se olvidaron de Él.

Para recibir la voluntad de Dios y guiar a las personas, Moisés estaba ayunando sin siquiera tomar agua durante cuarenta días, pero el pueblo estaba adorando los ídolos que Dios aborrece. ¿Qué sintió Moisés cuando los vio cometer ese pecado?

El corazón de Moisés estaba tan enardecido por lo que habían hecho quearrojólas tablas de sus manos y se destruyeron al pie delmonte. El tomó elbecerroy lo molió hasta convertirlo en polvo e hizo que el pueblo de Israel lo bebiera. Dios estaba tan enojado con ellos que dijo que estaba a punto de destruirlos. Dios le dijo a Moisés que Él levantaría a la nación por medio de él.

Podemos encontrar a personas en la historia del mundo que planearon una traición para sacar al rey y tomar su trono. Ellos lo hicieron buscando su propio interés y ventajas. A los que tienen este deseo les encantaría formar ellos mismos una nación y luego entregársela a sus descendientes.

Dios estaba diciendo que Él formaría una gran nación por medio de una persona. Esa persona era Moisés. Pero Moisés, por el contrario, ofreció su propia vida para salvar al pueblo de Israel que habían actuado con mucha maldad.

*"Entonces volvió Moisés a Jehová, y dijo: Te ruego, pues este pueblo ha cometido un gran pecado, porque se hicieron dioses de oro, que perdones ahora su pecado, y si no, ráeme ahora de tu libro que has escrito"* (Éxodo 32:31-32).

En este caso 'tu libro que has escrito' es el Libro de la Vida en el cual están registrados los nombres de aquellos que son salvos. Aquellos cuyos nombres no estén escritos en este libro caerán al fuego eterno del Infierno.

Moisés sabía exactamente lo que significaba ser borrado del Libro de la Vida, y conocía más que nadie acerca del miedo del Infierno. Pero estaba rogándole a Dios por el pueblo, ofreciendo su propio espíritu. Por medio de su oración desesperada, Dios nuevamente perdonó al pueblo.

En base al libro de Salmos podemos entender cómo el pueblo de Israel rompió el corazón de Moisés.

*"¡Cuántas veces se rebelaron contra él en el desierto, lo enojaron en el yermo!"* (Salmos 78:40)

Esto es lo mismo que sucede en la actualidad. Existen personas que han sido sanadas de alguna enfermedad incurable por la ciencia médica o los que han recibido respuestas a varios problemas de la vida. Pero luego de transcurrir el tiempo, piensan que ha sido una mera coincidencia y dudan y luego se apartan de Dios. Esto es lo que aflige a Dios en gran manera.

## El pacto renovado y el tabernáculo acabado por completo

Cuando este incidente fue resuelto por la compasión de Dios, Moisés alisó dos piedras en forma de tabla como las primeras y nuevamente se dirigió al Monte Sinaí. Nuevamente ayunó durante cuarenta días y recibió los Diez Mandamientos escritos en las tablas.

Luego de ello, regresó a donde se encontraba el pueblo, llamó a la congregación y les dijo que de manera voluntaria dieran ofrendas para el tabernáculo del Señor Dios.

*"Tomad de entre vosotros ofrenda para Jehová; todo generoso de corazón la traerá a Jehová; oro, plata, bronce"* (Éxodo 35:5).

Las personas inmediatamente se dirigieron a sus tiendas para traer ofrendas a Dios. Algunos trajeron sus aretes, anillos y pulseras; todos artículos deoro. Otros trajeronpielesdecarne rosypielesde tejones y cueros sin manchas. Mujeres calificadas hilaban las pieles de cabras con sus manos, y luego traían lo que ellas habían hilado.

*"Y vino todo varón a quien su corazón estimuló,*
*y todo aquel a quien su espíritu le dio voluntad, con*
*ofrenda a Jehová para la obra del tabernáculo de*

*reunión y para toda su obra, y para las sagradas
vestiduras"* (Éxodo 35:21).

Todos presentaban sus ofrendas con alegría. Trajeron más
que suficiente para la obra de la construcción. Moisés tuvo que
decirles que se detuvieran y no trajeran más ofrendas. Dios
siempre se deleita con las ofrendas que son dadas de voluntad
propia y con corazones agradecidos.

Algunas personas critican a las iglesias que construyen
grandes edificios diciendo que fuera mejor que se hicieran
obras de caridad con todo ese dinero. Sin embargo, es muy
importante construir el santuario de Dios con la fortaleza no
solo de un poco de personas sino de toda la congregación.

Finalmente, el pueblo de Israel comenzó a construir el
tabernáculo como Dios había ordenado que lo hicieran.
Primeramente, establecieron el tabernáculo. Luego hicieron el
arca del testimonio (también llamada el arca del pacto), la mesa,
los candelabros, el altar del incienso, el altar de los holocaustos y
las vestiduras de los sacerdotes.

Ahora, ellos habían terminado la construcción del
tabernáculo y era tiempo de que lo presentaran a Dios. Moisés
colocó el arca del testimonio dentro del tabernáculo, colocó
la mesa y arregló lo que iba en ella y encendió los candeleros.
Él permitió que Aarón y sus hijos los lavaran con agua y se
colocaran las vestiduras.

En ese momento, se posaron nubes sobre el tabernáculo y la gloria de Dios llenó el lugar. Desde ese entonces, la nube de Dios estaba sobre el tabernáculo durante el día, y el fuego estaba en las nubes por la noche. Toda la congregación podía sentir que Dios estaba con ellos. Cada vez que la nube se alzaba por encima del tabernáculo, el pueblo de Israel salía; pero si la nube no se alzaba, ellos no salían (Éxodo 40:36-38).

Por supuesto, Dios los guiaba con las columnas de fuego y la nube desde Egipto hasta ese momento. Pero luego de la dedicación del tabernáculo, la nube permaneció sobre el tabernáculo, por lo que los israelitas pudieron sentir la presencia de Dios con mayor claridad.

El mismo tipo de cosas fueron simbólicamente construidas en el Templo de Salomón. Habían dos pilares llamados Jaquín y Boaz, y estos simbolizaban los pilares de fuego y la nube por medio de la cual Dios los guiaba en el desierto.

## El pecado de ponerse en contra de un hombre de Dios

Aunque ellos recibieron el mandato de Dios e hicieron el tabernáculo, esto no quería decir que los israelitas habían cambiado completamente. Cuando se enfrentaron con dificultades, ellos se quejaron en contra de Moisés, y cuando no estaban de acuerdo con algo, lo criticaron diciendo incluso que él no era justo.

Por ejemplo: cuando Moisés tomo una mujer de Etiopía

como su esposa, su hermano Aarón y su hermana Miriam lo criticaron. En Números 12:2 leemos: *"¿Solamente por Moisés ha hablado Jehová? ¿No ha hablado también por nosotros? Y lo oyó Jehová"*. Ellos quisieron decir que tenían la autoridad para exhortar un mal comportamiento de Moisés ya que ellos también eran profetas de Dios.

Si hubiera sido cierto, tal como Miriam y Aarón dijeron, que Moisés había quebrantado la Palabra de Dios y que ellos eran más justos que Moisés, Dios los hubiera escogido a ellos y no a Moisés.

No obstante, Dios escogió a Moisés. Además, Dios no perdonó a Miriam y a Aarón por haber criticado a Moisés, ya que él era fiel en toda la casa de Dios y era un hombre con un corazón conforme al de Dios.

*"Él les dijo: Oíd ahora mis palabras. Cuando haya entre vosotros profeta de Jehová, le apareceré en visión, en sueños hablaré con él. No así a mi siervo Moisés, que es fiel en toda mi casa. Cara a cara hablaré con él, y claramente, y no por figuras; y verá la apariencia de Jehová. ¿Por qué, pues, no tuvisteis temor de hablar contra mi siervo Moisés?"* (Números 12:6-8)

Dios derramó Su ira sobre Miriam y Aarón, los que criticaron a Moisés, y Miriam se volvió leprosa. Moisés oró a

Dios para que la sanara, pero Él lo hizo solo después de que ella permaneciera durante siete días fuera del campamento. De igual manera, criticar a un hombre de Dios no es un pecado ligero.

Sin embargo, en la actualidad existen muchas personas que dentro de sus propias opiniones, juzgan y critican a las iglesias o a aquellos que siguen la voluntad de Dios. Por ejemplo: si una iglesia se vuelve grande, engrandeciendo el reino de Dios, algunas personas dicen que es solo "comercialismo". También dicen palabras calumniosas sobre los que realizan obras poderosas de Dios y predican el evangelio.

Además existen incluso personas que difunden falsos rumores para criticar a las iglesias. Esto fácilmente puede ser un pecado grave, porque es obstaculizar el reino de Dios.

Mientras se encontraban marchando hacia la tierra de Canaán, los israelitas vieron muchas señales y prodigios, sin embargo, continuamente contendían y se quejaban en contra de Dios y de Moisés, el hombre de Dios. No obstante, Dios fue paciente con ellos; Él simplemente les mostró muchas obras poderosas para que la fe de ellos pudiera crecer. Él obró por la fe de una persona, es decir, Moisés.

Además, cada vez que realizaba alguna obra grandiosa, Él decía: *"Ysabréis que yo soy Jehová vuestro Dios"* (Éxodo 16:12). Dios sinceramente quería que crecieran en la fe a través de ver Su poder. Dios los guió para que conozcan y crean en Él al experimentar las obras del Dios Todopoderoso y que obedecieran de corazón.

En este caso, conocer a Dios no es simplemente saber de Él en conocimiento. 1 Juan 2:4 dice: *"El que dice: Yo le conozco, y no guarda sus mandamientos, el tal es mentiroso, y la verdad no está en él"*. Conocer a Dios es abstenerse de los pecados y la maldad y asemejarse a Dios quien es luz.

Por consiguiente, el tiempo en el desierto fue muy necesario para los hijos de Israel. Ellos fueron testigos de tantas obras poderosas de Dios por medio de Moisés, su líder, y además fueron guiados por Dios. Finalmente llegaron a Cades-barnea. Frente a sus ojos se encontraba la tierra de Canaán, la tierra a la que tanto deseaban entrar.

## Capítulo 4

# "Si Jehová se agradare de nosotros..."

- Confesiones de Josué y Caleb -

## Números 14:6-9

❦

"Y Josué hijo de Nun y Caleb hijo de Jefone, que eran de los que habían reconocido la tierra, rompieron sus vestidos, y hablaron a toda la congregación de los hijos de Israel, diciendo: La tierra por donde pasamos para reconocerla, es tierra en gran manera buena. Si Jehová se agradare de nosotros, él nos llevará a esta tierra, y nos la entregará; tierra que fluye leche y miel. Por tanto, no seáis rebeldes contra Jehová, ni temáis al pueblo de esta tierra; porque nosotros los comeremos como pan; su amparo se ha apartado de ellos, y con nosotros está Jehová; no los temáis".

Los israelitas llegaron a la entrada de la tierra prometida de Canaán un año después de su éxodo desde Egipto. Por lo general, para ir desde Egipto hasta Canaán se requerían varios días si se tomaban los atajos. Incluso tratándose de muchas personas, se requería únicamente un par de meses.

No obstante, Dios guió a los israelitas por un camino más seguro, por el desierto, aunque tenían que rodear el área, a fin de evitar conflictos con otro pueblo llamado 'filisteo'.

Tan solo imagine más de dos millones de personas, además de su ganado, en necesidad de pasar por las tierras de otro país. ¿Qué país se detendría y observaría solamente? Aunque los israelitas no tenían intenciones de invadir, con esa interrupción y molestia a los filisteos, se podía esperar un conflicto.

Durante su marcha por el desierto, a veces se quedaban en un solo lugar por varios días, o incluso meses. Como está escrito en Números 9:22, si la nube que los guiaba se detenía, ellos no partían. *"O si dos días, o un mes, o un año, mientras la nube se detenía sobre el tabernáculo permaneciendo sobre él, los hijos de Israel seguían acampados, y no se movían; mas cuando ella se alzaba, ellos partían"*.

Cada vez que enfrentaban situaciones difíciles, para darles

la oportunidad de que su fe creciera, Dios les permitía ver Su poder por medio de Moisés. Esto se debió a que la fe de toda la congregación de Israel era necesaria para que pudieran entrar a Canaán. Ellos salieron de Egipto por medio de la fe en la obra de Dios a través de una persona: Moisés, pero para ganar las batallas en contra del pueblo de Canaán y conquistar la tierra, la fe de Israel como un todo debía crecer.

## Los doce espías de Cades-barnea

Finalmente los israelitas llegaron a Cades-barnea, justo debajo de la tierra de Canaán. Dios hizo que Moisés seleccionara un líder de cada una de las doce tribus para que explorara la tierra durante cuarenta días.

Ya que había otras personas que vivían en el lugar, debían obtener información acerca de los habitantes y la tierra antes de que pudieran pelear contra ellos. Este fue el inicio de la prueba para entrar en la tierra de Canaán.

Para que nosotros recibamos las bendiciones de Dios, primero debemos preparar el vaso para recibirlas. Claro está que, es por la gracia de Dios que recibimos bendiciones. Sin embargo, a medida que nuestra fe crece, primero necesitamos cumplir las cualidades para recibir las bendiciones.

Por ejemplo, el padre de la fe, Abraham, llegó a ser una persona correcta ante los ojos de Dios por medio de las pruebas.

Pero Dios no lo bendijo simplemente, sino que, solo cuando él demostró su fe al pasar la prueba de ofrecer a su único hijo, Isaac, Dios le dio la bendición de llegar a ser 'fuente de bendiciones'.

Los doce líderes de cada tribu tenían que demostrar su fe después de explorar la tierra de Canaán. Justo antes de entrar en la tierra, el pueblo de Israel debió haber tenido grandes expectativas para aquellos hombres. Probablemente esperaron que estos hombres se convirtieran en sus ojos, oídos y corazón al ver la tierra.

Moisés también les dio algunos consejos a seguir en la exploración de la tierra antes de que fueran.

*"Subid de aquí al Neguev, y subid al monte, y observad la tierra cómo es, y el pueblo que la habita, si es fuerte o débil, si poco o numeroso; cómo es la tierra habitada, si es buena o mala; y cómo son las ciudades habitadas, si son campamentos o plazas fortificadas; y cómo es el terreno, si es fértil o estéril, si en él hay árboles o no; y esforzaos, y tomad del fruto del país"* (Números 13:17-20).

Exploraron la tierra de Canaán por cuarenta días, y ciertamente como Dios dijo, era una tierra donde fluía leche y miel. La tierra es buena y los frutos y cosechas eran abundantes.

Cuando llegaron al Valle de Escol, situado al suroeste de Jerusalén, vieron uvas muy buenas. Ya que Moisés les ordenó que llevaran algunos de los frutos, ellos cortaron un solo racimo de uvas que era tan grande que tuvieron que llevarlo en un palo, entre dos hombres. También llevaron algunas granadas e higos.

No obstante, el problema era la gente del lugar. Había varios pueblos distintos en la tierra de Canaán y todos eran muy grandes y fuertes. Entre ellos estaban los hijos de Anac, la parte de los Nefilim.

En hebreo, Nefilim significa 'persona inmensa'. Eran tan grandes que los espías pensaron que eran como langostas en comparación a estas personas. Goliat de los filisteos era de seis codos y un palmo de altura, es decir, medía cerca de tres metros. Así tenemos una idea de cuán grandes eran los cananeos.

Debido a que ellos eran grandes, sus ciudades y murallas también eran grandes (Deuteronomio 1:28). Diez de los doce espías se desalentaron al ver la realidad de la situación.

## Confesiones diferentes de los doce espías

Los israelitas escucharon los reportes de los líderes enviados a explorar la tierra, y se sintieron perturbados. En ese tiempo uno de los doce espías llamado Caleb, hijo de Jefone, trató de calmar a la gente y con valentía dijo: "Subamos luego, y tomemos posesión de ella; porque más podremos nosotros que ellos", pero lo que oyó fue solo duras críticas de parte de los otros espías que exploraron la tierra.

*"No podremos subir contra aquel pueblo, porque es más fuerte que nosotros. Y hablaron mal entre los hijos de Israel, de la tierra que habían reconocido, diciendo: La tierra por donde pasamos para reconocerla, es tierra que traga a sus moradores; y todo el pueblo que vimos en medio de ella son hombres de grande estatura. También vimos allí gigantes, hijos de Anac, raza de los gigantes, y éramos nosotros, a nuestro parecer, como langostas; y así les parecíamos a ellos"* (Números 13:31-33).

Los israelitas creyeron en los reportes negativos y desalentadores de los otros diez espías, en lugar de creer en las palabras de Caleb.

"Hemos venido hasta aquí desde Egipto, y si no podemos entrar en la tierra de Canaán, ¿qué vamos a hacer en este desierto donde es difícil encontrar incluso una planta?"

Por su profunda desesperación empezaron a quejarse contra Moisés y Aarón, y contra Dios.

*"Y se quejaron contra Moisés y contra Aarón todos los hijos de Israel; y les dijo toda la multitud: ¡Ojalá muriéramos en la tierra de Egipto; o en este desierto ojalá muriéramos! ¿Y por qué nos trae Jehová a esta tierra para caer a espada, y que nuestras mujeres y nuestros niños sean por presa? ¿No nos sería mejor volvernos a Egipto?"* (Números 14:2-3)

Los israelitas lloraron y se quejaron toda la noche y finalmente decidieron designar otro líder y regresar a Egipto. No obstante, había dos individuos cuyos corazones ardían ante esta situación tensa.

Entre los doce espías, únicamente Josué y Caleb tenían un corazón que se dolía al ver a la gente que no tenía fe, y comenzaron a suplicar mientras se rasgaban las vestiduras.

*"La tierra por donde pasamos para reconocerla, es tierra en gran manera buena. Si Jehová se agradare de nosotros, él nos llevará a esta tierra, y nos la entregará; tierra que fluye leche y miel. Por tanto, no seáis rebeldes contra Jehová, ni temáis al pueblo de esta tierra; porque nosotros los comeremos como pan; su amparo se ha apartado de ellos, y con nosotros está Jehová; no los temáis"* (Números 14:7-9).

Pero aún sus confesiones de fe tan sinceras fueron inútiles contra la gente que ya estaba desalentada. El pueblo quería incluso apedrear a estos dos hombres; no podían lidiar con la realidad de esta situación tan difícil.

Sin embargo, los hombres de fe no miran la realidad de las cosas; simplemente entienden cuál es la voluntad de Dios y saben que pueden hacer cualquier cosa si Dios está con ellos. Luego actúan en base a sus confesiones para producir obras de fe.

Salmos 37:4 dice: *"Deléitate asimismo en Jehová, y él te*

*concederá las peticiones de tu corazón".* En Hebreos 11:6 leemos: *"Pero sin fe es imposible agradar a Dios; porque es necesario que el que se acerca a Dios crea que le hay, y que es galardonador de los que le buscan".* Si agradamos a Dios con nuestras confesiones y obras de fe, lo imposible se hará posible gracias al poder de Dios. Por el contrario, aun después de experimentar muchas obras de Dios, excepto por Josué y Caleb, los israelitas fracasaron en la prueba de fe para agradar a Dios.

## Los israelitas rechazaron a Dios

Dios estaba molesto con los israelitas que seguían quejándose, por lo que dijo que los destruiría con mortandad.

*"Y Jehová dijo a Moisés: ¿Hasta cuándo me ha de irritar este pueblo? ¿Hasta cuándo no me creerán, con todas las señales que he hecho en medio de ellos? Yo los heriré de mortandad y los destruiré, y a ti te pondré sobre gente más grande y más fuerte que ellos"* (Números 14:11-12).

*"Perdona ahora la iniquidad de este pueblo según la grandeza de tu misericordia, y como has perdonado a este pueblo desde Egipto hasta aquí"* (Números 14:19).

La esperanza por la tierra de Canaán se había desvanecido

como burbuja. Sus vidas fueron perdonadas gracias a la intercesión de Moisés, pero ninguna persona de la primera generación del Éxodo logró entrar en la tierra de Canaán excepto por Josué y Caleb, los que hicieron confesiones positivas de fe.

Tal como habían dicho: "¡Ojalá muriéramos en la tierra de Egipto; o en este desierto ojalá muriéramos!", ellos murieron en el desierto. Entonces la promesa de Dios respecto a la tierra de Canaán pasó a sus hijos que tenían menos de veinte años, pero ellos igual tuvieron que vagar en el desierto por cuarenta años por causa del pecado de sus padres.

Los cuarenta días de exploración de la tierra por parte de los espías se convirtieron en cuarenta años, y los diez espías que dieron reportes muy malos de la tierra y que hicieron que toda la congregación murmurara, murieron por causa de una plaga ante el Señor (Números 14:36-38).

Por consiguiente, debemos comprender la importancia de las confesiones de nuestros labios, y no debemos decir nada de modo imprudente. Debemos ser honestos y precisos con nuestras palabras, y es importante hacer confesiones de fe en lugar de hablar palabras negativas.

Dios liberó al pueblo de Israel de Egipto haciendo uso de las Diez Plagas, les permitió cruzar el mar Rojo como si fuera tierra seca, transformó el agua amarga en agua dulce, les dio maná, codornices y agua que hizo salir de una roca, los guió con una columna de nube en el día y de fuego en la noche hasta que llegaron frente a la tierra de Canaán. A pesar de todo esto, su obstinación y falta de fe no era diferente a la que tenían cuando estaban en Egipto.

## El comienzo de la vida en el desierto

Los israelitas comenzaron a arrepentirse y quejarse después de escuchar la palabra de Dios por medio de Moisés y al ver que los diez espías murieron por causa de las plagas.

*"Y se levantaron por la mañana y subieron a la cumbre del monte, diciendo: Henos aquí para subir al lugar del cual ha hablado Jehová; porque hemos pecado"* (Números 14:40).

Ahora sí decían que atacarían la tierra de Canaán, pero ya era demasiado tarde. Moisés sabía bien que Dios no estaba con ellos desde que pecaron, así que trató de detenerlos.

*"No subáis, porque Jehová no está en medio de vosotros, no seáis heridos delante de vuestros enemigos. Porque el amalecita y el cananeo están allí delante de vosotros, y caeréis a espada; pues por cuanto os habéis negado a seguir a Jehová, por eso no estará Jehová con vosotros"* (Números 14:42-43).

A pesar del consejo de Moisés, algunas personas subieron

y atacaron en la cima del monte. El resultado fue una derrota terrible. El haber ido a Canaán de esa manera no fue obediencia ni fe.

Un ejemplo similar sería un estudiante que fracasa en un examen de admisión a la universidad y que luego llega a conocer las respuestas del examen que rindió. El hecho de conocer las respuestas no significa que será aceptado en la universidad. Eso sencillamente no ocurriría; él tiene que estudiar un año más, rendir el examen otra vez y demostrar que lo logró.

De la misma manera, cuando algunos israelitas subieron a la cima del monte, no significa que de repente estaban llenos de fe, sino que simplemente pretendían tenerla. En lugar de ir a la tierra de Canaán de esa manera, debían arrepentirse de su maldad por completo y decidir llenarse de fe espiritual.

Si se hubieran arrepentido desde el fondo del corazón, la situación habría sido diferente. No obstante, esta acción no fue algo que hicieron con una actitud de arrepentimiento, sino que, únicamente deseaban evitar el castigo e intentar cubrir sus faltas. Una vez más, el resultado de esto fue la desobediencia, y por causa de ello, tuvieron que enfrentar el dolor de la derrota completa, y finalmente, comenzaron la vida de cuarenta años vagando en el desierto.

¿Siente usted que los israelitas actuaron con insensatez? La verdad es que muchas personas en la actualidad no son muy distintas a los israelitas de aquel tiempo.

Cuando nos dirigíamos por el camino de muerte, Dios envió a Su Hijo unigénito por nosotros; Él nos redimió de los pecados y nos guió al camino de salvación. Pero aún los creyentes olvidan esa gracia y se quejan en contra de Dios cuando enfrentan dificultades.

La primera generación del Éxodo no se arrepintió ni cambió, ni siquiera después de recibir el castigo de vagar por el desierto. No se despojaron de la maldad de su corazón y no tenían fe. Este malvado corazón de Israel los condujo a otro gran incidente que causó que un gran desastre recayera sobre toda la congregación de Israel; se trató de la rebelión de Coré.

## La rebelión de Coré

Los israelitas fueron al desierto según la palabra de Dios, pero ellos aborrecían tanto su vida ahí, que uno de los levitas llamado Coré tentó al pueblo a levantarse contra Moisés.

De hecho, Coré era primo de Moisés; él pensó que Moisés no era mejor que él en ningún sentido y no le agradaba el hecho de que Moisés y Aarón tuvieran la autoridad como sacerdotes, por lo que tentó a 250 líderes de influencia para que se unieran a él y se pusieran en contra de Moisés.

*"Y se juntaron contra Moisés y Aarón y les dijeron: ¡Basta ya de vosotros! Porque toda la congregación, todos ellos son santos, y en medio de ellos está*

*Jehová; ¿por qué, pues, os levantáis vosotros sobre la congregación de Jehová?"* (Números 16:3)

En realidad estaban cuestionando quiénes Moisés y Aarón pensaban que eran y cómo habían sido designados como líderes. En especial Datán y Abiram hablaron con total falta de sentido, diciendo algo así: "Ya es bastante malo que nos hayas sacado de una tierra en la que fluía leche y miel para que muramos en el desierto, ¿ya hora también quieres gobernar sobre nosotros?"

Cuando Moisés se postró ante su rostro delante de Dios, Él le dijo, al igual que a Aarón, que se separara de la congregación ya que iba a consumirla en un momento (Números 16:21). Pero Moisés pidió perdón, diciendo: *"Dios, Dios de los espíritusde toda carne, ¿no es un solo hombre el que pecó? ¿Por qué airarte contra toda la congregación?"* (v. 22) Dios le dio una respuesta.

Cuando Moisés terminó de hablar acerca de la muerte de Corán, Datán y Abiram, la tierra que estaba debajo de ellos y sus familias se abrió y ellos, junto a todos sus hombres y bienes, cayeron en la tierra que luego los cubrió.

También salió fuego de delante de Jehová, y consumió a los doscientos cincuenta hombres que ofrecían el incienso. Para este momento, la gente debía haber comprendido cuál era la voluntad de Dios, pero más bien se quejaron contra Moisés y Aarón diciendo que habían causado la muerte del pueblo del

Señor.

Cuando enfrentaron el castigo de vagar en el desierto, si en realidad se hubieran arrepentido por su maldad, no se habrían levantado con Corán; no habrían apoyado a un hombre que se levantó contra Moisés, un hombre de Dios.

Pero debido a que no se despojaron de la maldad del corazón y se levantaron contra Dios, una plaga inició y 14 700 personas murieron.

## El florecimiento de la vara de Aarón y la Serpiente de Bronce

El Dios paciente planeó algo para permitir que el pueblo entendiera una vez más.

Él le dijo a Moisés que tomara una vara de los líderes de cada tribu, un total de doce varas, e hizo que escribiera el nombre de los líderes de cada tribu sobre las varas y que las pusiera en el tabernáculo del testimonio. Dios deseaba mostrarles una evidencia al hacer que la vara del escogido floreciera durante la noche.

Una 'vara' es una rama muerta que ha sido cortada, por tanto, ¿cómo podría florecer? Sin embargo, por medio de la obra de Dios, una de las varas secas floreció durante la noche, y no solo eso, sino que había echado flores, y arrojado renuevos, y producido almendras.

La vara obviamente pertenecía a Aarón, el portavoz y profeta de Moisés. Dios mostró al pueblo, de manera directa, que Él estaba con Moisés y Aarón; lo hizo para permitir que tuvieran fe.

No obstante, incluso esta señal no les sirvió, porque aun después de verla, cuando no tuvieron agua para beber o cuando estaban cansados de comer maná diariamente, se quejaban de la misma manera que antes.

*"Y habló el pueblo contra Moisés, diciendo: ¡Ojalá hubiéramos muerto cuando perecieron nuestros hermanos delante de Jehová! ¿Por qué hiciste venir la congregación de Jehová a este desierto, para que muramos aquí nosotros y nuestras bestias? ¿Y por qué nos has hecho subir de Egipto, para traernos a este mal lugar? No es lugar de sementera, de higueras, de viñas ni de granadas; ni aun de agua para beber"* (Números 20:3-5).

Ellos incluso llamaron al maná dado por Dios "pan miserable", despreciando así Su gracia (Números 21:5 LBLA). Por esto, el castigo de Dios recayó sobre ellos; serpientes abrazadoras con veneno salieron y mordieron a las personas, y muchas de ellas murieron. Únicamente entonces, el pueblo se arrepintió.

Cuando Moisés oró por el pueblo, Dios le dio una manera de evitar el desastre. Hizo que construyera una serpiente de bronce y que la colocara sobre un asta. Los que la miraran podían salvar sus vidas luego de ser mordidos por una serpiente abrazadora. Dios tomó en cuenta su obediencia a la palabra de Moisés como fe, y los sanó.

Esto no significa que las serpientes abrazadoras no habían existido antes en el desierto y que de repente aparecieron. En el desierto había no solo serpientes, sino también escorpiones e insectos venenosos. Pero debido a que Dios los protegió por completo, aquellas cosas no podían tocar al pueblo. Sin embargo, cuando ellos se quejaron y pecaron, Dios no pudo seguir protegiéndolos y entonces fueron lastimados.

Por lo general la gente se queja de su destino y lo considera una coincidencia cuando enfrentan dificultades como accidentes, enfermedades o cualquier tipo de problema. No obstante, si enfrentamos un problema, siempre habrá una razón espiritual, al igual que los israelitas que tuvieron que descubrir en Dios la causa y la solución del problema de las serpientes abrazadoras, y así como los hijos de Israel se arrepintieron de sus pecados y se presentaron ante Moisés, nosotros debemos arrepentirnos de nuestros pecados y presentarnos ante Dios. Cuando nos arrepentimos para destruir el muro de pecado y vivir de acuerdo a la Palabra de Dios, se podrá solucionar cualquier tipo de problema.

En este caso, mirar a la serpiente de bronce sobre un asta es una representación simbólica de Jesucristo quien nos salvaría de la maldición de la Ley, tal como lo dice en Juan 3:14-15: *"...como Moisés levantó la serpiente en el desierto, así es necesario que el Hijo del Hombre sea levantado, para que todo aquel que en él cree, no se pierda, mas tenga vida eterna".*

Los que obedecieron la Palabra de Dios y miraron a la serpiente de bronce, fueron salvos. Asimismo, cuando las almas que están en el camino de muerte miren a Jesús en la cruz y lo acepten como el Salvador, recibirán salvación. Esto es lo que representa la serpiente de bronce.

## Conquista del este del Jordán y Balaam

Aarón era el portavoz y hermano mayor de Moisés; él había estado presente durante todo el proceso del Éxodo, y con el paso del tiempo, exhaló su último suspiro en el monte Hor.

El tiempo de los cuarenta años casi había llegado a su fin. El pueblo estaba a punto de terminar sus dificultades en el desierto y marchar hacia la tierra prometida.

Para esto, los israelitas se enfrentaron con Sehón, rey de los amorreos, y Og, rey de Basán. Deseaban pasar por sus tierras, pero ellos no lo permitieron, así que se desataron guerras. Pero Dios estaba con los israelitas y pudieron conquistar con facilidad las áreas al este del Jordán.

Los israelitas descendieron al sur y acamparon en las llanuras de Moab, al oriente del Jordán.

Luego de conquistar las tierras de los amorreos y basanitas y de acampar en las llanuras de Moab, Balac, rey de Moab, se sintió en peligro. En medio de una gran agonía, envió a su mensajero a Balaam, quien vivía en Petor, para que maldijera a los israelitas.

Balaam era gentil, pero sabía cómo comunicarse con Dios, y cuando oró preguntando cuál era la voluntad de Dios, Él le respondió así: *"No vayas con ellos, ni maldigas al pueblo [los hijos de Israel], porque bendito es"* (Números 22:12).

Por tanto, rechazó la petición de Balac, rey de Moab. Por otro lado, Balac preparó más oro y joyas y las envió a Balaam con líderes más honorables que los enviados anteriormente. El corazón de Balaam se turbó y consultó la voluntad de Dios otra vez.

Así que Dios le permitió ir ante el rey de Moab. Esto no significa que Dios cambió su mente, sino que Él conocía el corazón indeciso de Balaam y sus deseos, y simplemente permitió que Balaam hiciera lo que deseaba en su corazón. Dios incluso abrió la boca de un asno y permitió que le hablara a Balaam para hacerle entender que lo que estaba haciendo no era correcto, pero él no dio marcha atrás.

Claro está que Balaam en realidad no podía maldecir al pueblo de Israel, ni siquiera después de presentarse ante Balac. Balaam fue bien atendido por Balac, quien le pidió que maldijera a los israelitas desde los altares de Baal, pero Balaam más bien bendijo a los israelitas al hablar las palabras que se le habían dado.

Balac le pidió a Balaam que los maldijera tres veces, desde sitios distintos, pero Balaam únicamente bendijo a Israel.

*"¡Cuán hermosas son tus tiendas, oh Jacob; tus moradas, oh Israel! Como valles que se extienden, como jardines junto al río, como áloes plantados por el SEÑOR, como cedros junto a las aguas"* (Números 24:5-6).

Balaam no podía simplemente hablar en contra de la voluntad de Dios para maldecir a los israelitas, pero él sí deseaba los obsequios y cosas costosas, así que tuvo una idea: deseó hacer que los israelitas pecaran para que Dios alejara Su rostro de ellos.

Entonces, cuando los moabitas estaban ofreciendo sacrificios a sus dioses, Balaam hizo que invitaran a los israelitas, quienes llegaron a la tierra de Moab y comieron y bebieron y se inclinaron ante los ídolos. Fueron tentados y seducidos, cometieron actos lascivos y obscenos con las mujeres de Moab. Este pecado causó una plaga que dio muerte a muchas personas.

La Biblia llama a Balaam una persona que tomó el camino de muerte por su amor a las ganancias injustas y nos advierte que no sigamos su ejemplo. Claro está que Balaam no desobedeció la voluntad de Dios desde un principio, pero no logró vencer la tentación del dinero, y una vez que su mente fue capturada, finalmente se corrompió.

En la actualidad hay muchos casos de personas que aman el dinero, se comprometen con el mundo y cometen pecado delante de Dios. Por su deseo de dinero, quebrantan las órdenes de Dios, no guardan el Día del Señor como un día santo, el acto de dar todos los diezmos les incomoda y terminan "robando" a Dios. No obstante, comprometerse con el mundo y amar algo más que a Dios es cometer adulterio espiritual.

El insensato Balaam obtuvo muchas cosas al momento, pero pronto enfrentó un trágico final y fue asesinado por los israelitas. Aunque con un retraso momentáneo por causa de la perversa sabiduría de Balaam, Israel conquistó la parte este del Jordán. Esta tierra fue tomada por las tribus de Rubén, Gad y parte de la tribu de Manasés a petición de ellos.

Los niños del tiempo del Éxodo ya habían crecido y eran adultos, y ahora ellos llevaban el rol principal del liderazgo de Israel. Todos los de la primera generación del Éxodo, excepto por dos personas, murieron en el desierto por causa de sus quejas contra Dios en Cades-barnea. Moisés y Aarón tampoco pudieron entrar en la tierra de Canaán porque, en calidad de líderes, eran responsables de ello.

Únicamente Josué y Caleb recibieron la promesa de que entrarían a la tierra de Canaán junto a la siguiente generación. A diferencia de las personas que mantuvieron un corazón endurecido incluso después de ver muchos milagros y morir en el desierto, Josué y Caleb cambiaron sus corazones con la verdad e incrementaron su fe verdadera.

No tuvieron temor, ni siquiera ante la gente grande de Canaán y su gran fortaleza, sino que confesaron: *"Si Jehová se agradare de nosotros, él nos llevará a esta tierra, y nos la entregará; tierra que fluye leche y miel"* (Números 14:8). Esta confesión de Josué y Caleb también se puede aplicar hoy a nuestras vidas de la misma manera.

Debemos comprender que, si Dios se agradare de nosotros, cualquier cosa nos será posible. Anhelo que usted pida con fe verdadera y que reciba las respuestas.

# Capítulo 5

# "Jehová tu Dios estará contigo"

## - El sucesor de Moisés -

## Josué 1:6-9

"Esfuérzate y sé valiente; porque tú repartirás a este pueblo por heredad la tierra de la cual juré a sus padres que la daría a ellos. Solamente esfuérzate y sé muy valiente, para cuidar de hacer conforme a toda la ley que mi siervo Moisés te mandó; no te apartes de ella ni a diestra ni a siniestra, para que seas prosperado en todas las cosas que emprendas. Nunca se apartará de tu boca este libro de la ley, sino que de día y de noche meditarás en él, para que guardes y hagas conforme a todo lo que en él está escrito; porque entonces harás prosperar tu camino, y todo te saldrá bien. Mira que te mando que te esfuerces y seas valiente; no temas ni desmayes, porque Jehová tu Dios estará contigo en dondequiera que vayas".

Los cuarenta años en el desierto no fueron solamente un tiempo de castigo para los israelitas que no pudieron mostrar su fe, sino también un tiempo de entrenamiento espiritual, un período para que la segunda generación del Éxodo pudiera tener un encuentro con Dios, experimentarlo a Él y obtener fe.

Dios permite que pasemos por varios períodos de entrenamiento para que podamos tener fe espiritual primero antes de que Él nos bendiga. Sin la fe espiritual no podemos ser salvos ni podemos entrar en el reino celestial.

Además, si Dios nos da bendiciones antes de tener fe espiritual, entonces la mayoría de nosotros regresaría al mundo, por eso Dios nos permite ver Sus obras sorprendentes y a veces pasar por pruebas muy duras para que nuestra fe pueda crecer.

Claro está que el tiempo que una persona ha sido cristiana no es importante en realidad para que una persona reciba bendiciones espirituales y materiales y para obtener autoridad y poder espiritual. Esto depende de la fe que poseemos. La fe espiritual se puede obtener cuando guardamos la Palabra de Dios en nuestro corazón y transformamos lo más secreto del corazón.

Únicamente Moisés, Josué y Caleb sobrevivieron junto a la

segunda generación. Todos los demás en la primera generación del Éxodo murieron en el desierto.

## El último sermón de Moisés

Después de los cuarenta años, cuando era tiempo de ir a la tierra de Canaán, Moisés comenzó a dar un sermón muy largo. Era igual a un padre que comparte su última voluntad con sus hijos con mucha preocupación por ellos. Él estaba ofreciendo sus consejos finales, con gran afecto, al pueblo de Israel que tenía que conquistar la tierra de Canaán después de su muerte.

En realidad todo el contenido del sermón se encuentra en el libro de Deuteronomio, que es un mensaje acerca de la Ley en base a las cosas que Moisés enseñó al pueblo de Israel en las llanuras de Moab.

Moisés hizo énfasis en que la primera generación del Éxodo no pudo recibir la tierra de Canaán como herencia por causa de su desobediencia. Él intentó hacerlos comprender que la obediencia a Dios es un pasaje a las bendiciones y es la tarea más fundamental del hombre. Deuteronomio es una guía y libro de estudio que explica los principios y el entendimiento más básico que el pueblo de Dios debe tener. El punto clave consistía en que debían guardar los mandamientos de Dios.

*"Mirad, pues, que hagáis como Jehová vuestro Dios os ha mandado; no os apartéis a diestra ni a siniestra.*

*Andad en todo el camino que Jehová vuestro Dios os ha mandado, para que viváis y os vaya bien, y tengáis largos días en la tierra que habéis de poseer"* (Deuteronomio 5:32-33).

*"Acontecerá que si oyeres atentamente la voz de Jehová tu Dios, para guardar y poner por obra todos sus mandamientos que yo te prescribo hoy, también Jehová tu Dios te exaltará sobre todas las naciones de la tierra"* (Deuteronomio 28:1).

El tema que se repite una y otra vez en Deuteronomio es que seremos bendecidos cuando guardemos los mandamientos de Dios, y que seremos malditos si no lo hacemos. Esto no se dio para atemorizar a la gente o poner una carga sobre ellos. Como dice Deuteronomio 10:13: *"...que guardes los mandamientos de Jehová y sus estatutos, que yo te prescribo hoy, para que tengas prosperidad"*, era el mensaje que les indicaba el camino a la felicidad verdadera.

Desde la caída de Adán, este mundo llegó a estar bajo el control del enemigo diablo. Los que no creen en Dios están destinados a sufrir persecuciones y pruebas bajo el control de Satanás. Por consiguiente, para que podamos tener una vida bendecida, debemos apartarnos de las tinieblas y guardar la Palabra de Dios quien es luz.

1 Juan 1:6 dice: *"Si decimos que tenemos comunión con*

*él, y andamos en tinieblas, mentimos, y no practicamos la verdad"*. Los que no guardan los mandamientos de Dios son los que habitan en las tinieblas y pertenecen al enemigo diablo.

Así que, cuando el enemigo diablo cause persecuciones y pruebas sobre estas personas, Dios no podrá protegerlos. Por ejemplo: existen las normas de las luces de tránsito que son establecidas por un país para garantizar la seguridad de los peatones y el flujo del tránsito. Tanto conductores como peatones pueden ser protegidos cuando obedecen las normas que rigen las luces. Por otro lado, si uno de ellos va en contra de las luces, no podrá ser protegido.

De la misma manera, cuando guardamos la ley de Dios podemos ser protegidos, de lo contrario no lo seremos. Moisés conocía este hecho muy bien y les aconsejó muchas veces a los israelitas que guardaran los mandamientos de Dios.

Moisés no pudo entrar en la tierra de Canaán, pero él bendijo a los hijos de Israel (Deuteronomio 33).

Tan solo con su fe, él podría haber ido a la tierra prometida, pero en calidad de líder de la primera generación del Éxodo que no tuvo fe, a él no se le permitió entrar, lo que ocurrió debido a que era el líder, y por ende él era responsable (Deuteronomio 3:25-26). Por lo general, incluso en este mundo, algunos líderes o directores son relevados de sus puestos por causa de los errores de sus subordinados. Esto es algo similar.

Antes de que Dios se llevara a su amado Moisés, Él le mostró la tierra de Canaán para consolarlo. Dios amaba a Moisés más que a cualquier otra persona porque él obedecía la voluntad de Dios y guiaba a muchas personas a la mansedumbre. Es por esto que le permitió ver la tierra desde la distancia, aunque en realidad no podía entrar en ella.

*"Y subió Moisés desde la llanura de Moab al monte Nebo, a la cumbre del Pisga, que está frente a Jericó, y el SEÑOR le mostró toda la tierra: Galaad hasta Dan, todo Neftalí, la tierra de Efraín y de Manasés, toda la tierra de Judá hasta el mar Occidental, el Neguev y la llanura del valle de Jericó, la ciudad de las palmeras, hasta Zoar"* (Deuteronomio 34:1-3 LBLA).

¿Qué habrá sentido Moisés al ver la tierra prometida frente a sus ojos? Debido a que él creía en la promesa de Dios con más firmeza que cualquier otra persona, probablemente se sintió triste y avergonzado ante Dios por no haber logrado guiar a la primera generación del Éxodo a tener más fe.

Quizás recordó los cuarenta años que habían transcurrido desde el momento que tuvo un encuentro con Dios en el ardiente fuego en medio de la zarza en el monte Horeb. Él también pudo haber tenido pensamientos persistentes como: *"Si tan sólo pudiera haber plantado más fe en ellos"*. Él estaba a punto de dejar la tierra por voluntad de Dios, y quizás sintió la carga y el peso provenientes de su corazón ardiente por el pueblo que quedaba todavía.

No obstante, algunos dicen que Moisés no pudo entrar en la

tierra de Canaán porque no obedeció la Palabra de Dios. Dicen que cuando Moisés debía golpear la roca para que salga agua de ella, él debía golpearla solo una vez, pero lo hizo dos veces, y por eso Dios estaba molesto con él. Otros incluso dicen que no pudo entrar a la tierra de Canaán porque se había enojado tanto que rompió las tablas de los Diez Mandamientos.

Sin embargo, Números 12:3 dice lo siguiente: *"Y aquel varón Moisés era muy manso, más que todos los hombres que había sobre la tierra".* Si Moisés, este hombre manso y gentil, no logró entrar a la tierra de Canaán solo porque la ira de Dios cayó sobre él por haberse enojado una vez, parece que Dios es entonces un Dios muy temible.

Además, en la Biblia podemos encontrar que Dios simplemente le dijo que golpeara la roca. Si lo hacía una o dos veces era decisión de Moisés. No podemos decir que él desobedeció la Palabra de Dios. La verdadera razón por la que Moisés no pudo entrar en la tierra se encuentra en Deuteronomio 1:37. Moisés dijo: *"También contra mí se airó Jehová por vosotros, y me dijo: Tampoco tú entrarás allá".*

Dios hizo que este verso fuera registrado en la Biblia para que la gente no tuviera malos entendidos o que pensara que Moisés no entró porque se enojó o porque no tenía fe; ese no fue el caso.

## La muerte de Moisés

Al este del Jordán, desde donde podía ver la tierra de Canaán, Moisés finalmente fue al lado de Dios Padre después de 120 años de una vida que fue llena de todo tipo de cambios inesperados.

Ya que él había recibido de parte de Dios la labor de ser el líder del Éxodo, obedeció todas Sus palabras.

Convertirse en líder no fue algo fácil; él debía asumir todas las cargas y agonías de su pueblo. Él estaba siempre preocupado, con el corazón de un padre, por guiar al pueblo a seguir la voluntad de Dios.

Por causa de las personas que se quejaban con palabras de maldad y por causa de las preocupaciones y agonías que llevaba, escasamente tenía días de consuelo hasta el momento en que fue llamado a estar junto a Dios.

Pero jamás deseó abandonar su tarea y nunca intentó evitar su responsabilidad sino que únicamente cayó al piso ante Dios, con humildad confesó que no podía hacer nada con sus propias fuerzas y superó todo tipo de situaciones difíciles solo con su fe en Dios.

Debido a que tenía este tipo de corazón, Dios también confió en él, se comunicó directamente con él y le permitió lograr muchas cosas grandes.

¿Ha sentido alguna vez que la tarea que Dios le ha encargado es muy pesada y ha deseado descansar? Anhelo que usted piense en Moisés y que siga adelante con más vigor.

## Josué, sucesor de Moisés

Después de que Moisés murió, Dios designó a Josué, hijo de Nun, para que guiara al pueblo de Israel. Josué fue uno de los doce espías; él agradó a Dios con su profesión positiva de fe.

Siempre seguía a Moisés como su siervo, y aun cuando Moisés ayunó durante cuarenta días para recibir los Diez Mandamientos, él no abandonó a Moisés. En Éxodo 33:11 leemos: *"...Y él volvía al campamento; pero el joven Josué hijo de Nun, su servidor, nunca se apartaba de en medio del tabernáculo"*. Como está escrito, él tenía amor por el lugar santo de Dios.

Debido a que Josué amaba a Dios y confiaba en Moisés con un corazón inmutable, logró ser escogido como el sucesor de Moisés. Probablemente él tenía también una gran carga en su corazón porque el gran líder ya no estaba con él, y ahora debía aceptar las responsabilidades de su maestro.

Él sabía cuán difícil y pesada es la responsabilidad del liderazgo para muchas personas. Por cuarenta años Josué vio las lágrimas y agonía de Moisés más cerca que ninguna otra persona. Debido a que Dios conocía este corazón de Josué, Él lo alentó con fuertes palabras de promesa:

*"Nadie te podrá hacer frente en todos los días de tu vida; como estuve con Moisés, estaré contigo; no*

*te dejaré, ni te desampararé. Esfuérzate y sé valiente;*
*porque tú repartirás a este pueblo por heredad la tierra*
*de la cual juré a sus padres que la daría a ellos"* (Josué
1:5-6).

Pero había una condición: él debía guardar cada palabra de
Dios.

*"Solamente esfuérzate y sé muy valiente, para*
*cuidar de hacer conforme a toda la ley que mi siervo*
*Moisés te mandó; no te apartes de ella ni a diestra ni a*
*siniestra, para que seas prosperado en todas las cosas*
*que emprendas. Nunca se apartará de tu boca este*
*libro de la ley, sino que de día y de noche meditarás en*
*él, para que guardes y hagas conforme a todo lo que*
*en él está escrito; porque entonces harás prosperar tu*
*camino, y todo te saldrá bien"* (Josué 1:7-8).

Los israelitas que estaban con Josué también eran diferentes
a los de la primera generación del Éxodo. La generación de
sus padres había nacido y crecido en la cultura gentil de los
egipcios y su fe en Dios era débil. Mucha maldad también
estaba plantada en ellos ya que pasaron por las persecuciones
y maltrato de la esclavitud durante mucho tiempo. Pero la
segunda generación fue educada con la Palabra de Dios y había
visto muchas obras poderosas de Dios desde que eran muy
pequeños.

Además tenían grabada en el corazón la razón por la que sus padres no pudieron entrar en la tierra de Canaán y tuvieron que vagar en el desierto por cuarenta años. Ahora estaban listos para obedecer a Dios y su líder con fe verdadera.

A diferencia de sus padres que no dejaron de quejarse contra Moisés ni siquiera tras experimentar numerosas obras, ellos se comprometieron a obedecer a Josué incondicionalmente.

*"De la manera que obedecimos a Moisés en todas las cosas, así te obedeceremos a ti; solamente que Jehová tu Dios esté contigo, como estuvo con Moisés. Cualquiera que fuere rebelde a tu mandamiento, y no obedeciere a tus palabras en todas las cosas que le mandes, que muera; solamente que te esfuerces y seas valiente"* (Josué 1:17-18).

El líder, Josué, y todo el pueblo estaban unidos en un solo corazón para cumplir la promesa de Dios respecto a la tierra de Canaán. Ahora, esto era correcto ante sus ojos.

En aquel entonces Canaán tenía una cultura avanzada y de alta calidad. Ellos negociaban con Egipto y Mesopotamia. Para los israelitas que una vez fueron esclavos y que también vagaron en el desierto por cuarenta años, la tierra de Canaán era en realidad una tierra que fluía leche y miel.

El primer lugar que debían conquistar para entrar en la tierra de Canaán era Jericó.

## Exploración de Jericó y Rahab la ramera

Josué y los israelitas no marcharon simplemente a Jericó porque tenían fe. Primero debían conocer a su enemigo. Para poder crear las estrategias correctas debían descubrir cómo eran los muros de su ciudad, la fortaleza de sus fuerzas armadas y cuán alta era su moral. Josué escogió dos espías en Sitim y los envió a explorar la tierra.

La ciudad de Jericó era una obra maestra en aquel entonces. Cuando observamos los cimientos del muro de la ciudad que los estudiosos han investigado, podemos ver que era un muro muy sólido. La mayoría de ciudades tenían únicamente un muro, pero Jericó tenía dos muros, lo que lo hacía aún más sólido. Se conoce que el espesor de cada muro era de 1,80 y 3,30 metros respectivamente. Habría sido difícil hacer incluso un pequeño agujero en el muro de la ciudad con solo algún medio ordinario de ataque. En especial la gente de Jericó se encontraba en un alto nivel de cautela tratando de defenderse de un ataque por parte de los israelitas.

Cierto día el rey de Jericó escuchó que espías habían infiltrado la ciudad, así que hizo que los soldados los buscaran. Ellos sabían con exactitud en dónde se encontraban los espías, por lo que podían atraparlos en cualquier momento.

En ese instante, Dios proporcionó una mano de ayuda totalmente inesperada. Se trataba de Rahab, una ramera en cuya casa se hospedaban los espías. Ella era gentil y de posición social baja, pero escondió a los espías desobedeciendo la orden del rey e hizo confesiones de fe sorprendentes ante ellos.

*"[Rahab] dijo a los hombres: Sé que el SEÑOR os ha dado la tierra, y que el terror vuestro ha caído sobre nosotros, y que todos los habitantes de la tierra se han acobardado ante vosotros. Porque hemos oído cómo el SEÑOR secó el agua del mar Rojo delante de vosotros cuando salisteis de Egipto, y de lo que hicisteis a los dos reyes de los amorreos que estaban al otro lado del Jordán, a Sehón y a Og, a quienes destruisteis por completo. Y cuando lo oímos, se acobardó nuestro corazón, no quedando ya valor en hombre alguno por causa de vosotros; porque el SEÑOR vuestro Dios, El es Dios arriba en los cielos y abajo en la tierra"* (Josué 2:9-11).*

Aunque Rahab era una mujer gentil, ella tenía un buen corazón. Cuando escuchó acerca de la división del mar Rojo en dos, del agua que salió de una roca y las victorias de Israel en las batallas, ella creyó en el Dios Todopoderoso.

Así que pidió que los espías perdonaran su vida y las vidas de los miembros de su familia, tal como ella había perdonado las vidas de ellos, cuando los israelitas conquistaran la ciudad de Jericó.

Con pensamientos humanos podemos pensar que ella traicionó a su propio pueblo y que escondió a los espías, pero lo que escogió no fue una nación por encima de la otra, sino a Dios el Creador Todopoderoso.

Cuando escucharon acerca de las señales y prodigios de Dios que acompañan a los israelitas, incluso los gentiles que tenían un buen corazón reconocían al Dios arriba en el cielo y abajo en la tierra.

Dios no abandona nunca, pero da bendiciones a aquellos que le buscan y confían en Él con corazón verdadero, porque él busca en el corazón profundo.

## La profesión de fe de los dos espías

Los espías escaparon de la ciudad con la ayuda de Rahab y se escondieron en las montañas por tres días. Luego cruzaron el río Jordán otra vez para regresar al campamento de Israel. ¿Qué piensan que le dijeron a Josué?

Hicieron un reporte detallado acerca de la tierra que habían visto; no dijeron nada con actitud negativa o temor sino que confesaron únicamente lo que habían visto con ojos de fe.

*"Jehová ha entregado toda la tierra en nuestras manos; y también todos los moradores del país desmayan delante de nosotros"* (Josué 2:24).

Podemos ver que esta confesión es muy diferente a la de los diez espías en Cades-barnea. Si en realidad creemos en Dios, no habrá nada imposible. Incluso los problemas se convertirán en prosperidad si Dios está con nosotros. Por lo tanto, no debemos decir nada negativo, como: "¡Es imposible!" o "Está muy difícil". La gente por lo general dice muchas cosas negativas y deshonestas porque se han convertido en un hábito del habla en sus vidas cotidianas.

Por ejemplo: dicen cosas como: "Me muero por verlo", "Me está matando", "Sabe bien, como para morirse", "Estoy tan lleno que podría explotar". Estas oraciones exageradas y falsas son vulgares.

Dios observa todas nuestras palabras, obras y lo más secreto del corazón y obra de acuerdo a la fe. Proverbios 18:20-21 dice: *"Del fruto de la boca del hombre se llenará su vientre; Se saciará del producto de sus labios. La muerte y la vida están en poder de la lengua, Y el que la ama comerá de sus frutos"*.

Por consiguiente, debemos hablar palabras de fe y bondad, palabras positivas con las que podamos animar a los demás y plantar fe en ellos.

# Capítulo 6

# Cruzaron el Jordán en tierra seca

- El río Jordán se detiene -

## Josué 3:14-17

❧⟞⟊⟞❧

"Y aconteció cuando partió el pueblo de sus tiendas para pasar el Jordán, con los sacerdotes delante del pueblo llevando el arca del pacto, cuando los que llevaban el arca entraron en el Jordán, y los pies de los sacerdotes que llevaban el arca fueron mojados a la orilla del agua (porque el Jordán suele desbordarse por todas sus orillas todo el tiempo de la siega), las aguas que venían de arriba se detuvieron como en un montón bien lejos de la ciudad de Adam, que está al lado de Saretán, y las que descendían al mar del Arabá, al Mar Salado, se acabaron, y fueron divididas; y el pueblo pasó en dirección de Jericó. Mas los sacerdotes que llevaban el arca del pacto de Jehová, estuvieron en seco, firmes en medio del Jordán, hasta que todo el pueblo hubo acabado de pasar el Jordán; y todo Israel pasó en seco".

La segunda generación del Éxodo, liderada por Josué, comenzó su marcha hacia la tierra de Canaán. Debido al informe de la misión de los espías sobre Jericó, la moral del pueblo de Israel estaba renaciendo a medida que avanzaban con fuerza en la ciudad.

Los corazón de las personas en Canaán ya se había desvanecido, y ya no tenían que esperar más tiempo. Desde muy temprano en la mañana, Josué hizo que las personas se alistaran y luego se movilizaron hasta el río Jordán.

## Los desbordes del río Jordán

De camino a Jericó, la rápida corriente de los desbordes del río Jordán obstaculizaban su paso, así que Josué no cruzó de inmediato con su pueblo, sino que hizo que acamparan ahí por un tiempo.

Debían encontrar una manera de cruzar el río que se encontraba en su ciclo de desbordes y su corriente era muy fuerte.

La anchura del río ha disminuido con el paso de tiempo y en la actualidad mide solo treinta metros, pero en aquel entonces era considerablemente más ancho.

En el caso del río Amarillo, el mismo que también es conocido como el Hwang Ho en China, este cambia el curso de su corriente cada cierto período de tiempo. A lo largo del río hay algunas aldeas que desaparecen por completo y otras que se van creando con el tiempo. Entonces, hace 3 500 años atrás, el río Jordán debió haber sido muy diferente a lo que es en la actualidad.

Además el Jordán tenía muchas curvas cerradas y una corriente rápida, y era durante el tiempo de la cosecha que solía desbordarse por todas sus orillas (Josué 3:15).

Cuando se dan lluvias repentinas durante el verano, incluso los pequeños arroyos de los valles se desbordan y las rápidas corrientes causan la muerte de personas.

Era imposible que más de dos millones de personas junto a sus niños y ancianos, además de su equipaje, cruzaran el gran río cuando se estaba desbordando. Si hubiesen deseado construir barcas o un puente, no habrían encontrado los materiales, y si los hubieran encontrado, habrían requerido mucho tiempo. Además el pueblo de Jericó tampoco los habría observado simplemente.

## La fe de la segunda generación del Éxodo

A diferencia de la primera generación del Éxodo, la segunda

generación estaba bien capacitada y tenía la fe espiritual para confiar en Dios Todopoderoso.

Cuando el desbordado río Jordán bloqueaba su camino, Dios les enseñó una manera muy fácil de cruzarlo.

Les dijo que si los sacerdotes ponían sus pies en el desbordado río Jordán mientras cargaban el arca del pacto, el agua dejaría de correr y se detendrían en un montón. Si pensamos en esto con el sentido común, se trata de algo imposible. ¿Cómo puede detenerse la corriente de un río con solo poner los pies en ella?

Si a la primera generación del Éxodo se le habría pedido que se parara en el río Jordán con el arca del pacto, no se habrían quedado callados. Inmediatamente habrían empezado a quejarse y a decir: "¿Que entremos al río desbordado con el arca? ¿Su supone que así de fácil vamos a morir? ¡Dios nos ha traído desde Egipto hasta aquí tan solo para matarnos en el río Jordán!"

Sin embargo, la segunda generación no dijo ni una sola palabra de queja o duda. Dios ya había dividido el mar Rojo en dos. Ellos creían que, para este Dios, detener la corriente del río Jordán no representaba ningún problema.

## El río Jordán se detiene

Antes de cruzar el Jordán, Josué hizo una petición a la nación de Israel una vez más.

*"Santificaos, porque Jehová hará mañana maravillas entre vosotros"* (Josué 3:5).

Al siguiente día, de acuerdo a la palabra de Dios que Josué transmitió al pueblo, los sacerdotes llevaron el arca del pacto y caminaron delante del pueblo y se pararon junto al río.

Al inicio del Éxodo, cuando el Mar Rojo fue dividido y el ejército egipcio padeció en él, fue la obediencia de una sola persona (Moisés) la que dio lugar a esto. Aunque habían visto el poder de Dios demostrado por medio de las Diez Plagas que afectaron a Egipto, en ese entonces los israelitas no tenían suficiente fe.

Pero ahora, ante el desbordado río Jordán, no solo la fe de una persona (Josué) sino la de todos en Israel fue necesaria. De manera muy similar, desde el momento que aceptamos a Jesucristo, debemos crecer en espíritu y demostrar obras de fe. Tenían que obedecer la palabra de Josué quien fue designado por Dios y pararse en la corriente del río Jordán.

El instante que los sacerdotes se pararon en el río, la promesa de Dios se cumplió tal como la había dicho. Las aguas que venían de arriba se detuvieron y se elevaron en un montón (Josué 3:16), y las que descendían hacia el mar de Arabá, el mar Salado, fueron cortadas completamente.

Mientras los sacerdotes seguían parados en el lecho del río con el arca del pacto, el agua no corrió y los israelitas rápidamente cruzaron. Cuando los sacerdotes salieron del río, las aguas comenzaron a correr una vez más como antes.

A medida que los israelitas veían este gran poder de Dios, llegaron a confiar en Josué aún más y comenzaron a reverenciarlo, como él había reverenciado a Moisés.

## Una conmemoración con doce piedras

Dios deseaba que ellos recordaran ese día por siempre y que no cambiaran su reverencia hacia Él, así que les ordenó que hicieran algo. Les dijo que tomaran de en medio del Jordán doce piedras, de acuerdo al número de las tribus de los hijos de Israel, las cuales tenían que llevar con ellos y levantarlas en el lugar donde iban a acampar.

Dios también hizo que levantaran doce piedras en medio del Jordán, en el lugar en el que los pies de los sacerdotes que llevaban el arca del pacto se posaron. Esto era para que ellos recordaran por siempre lo que Dios había hecho por Israel, y para que reverenciaran y obedecieran a Dios.

*"Y [Josué] habló a los hijos de Israel, diciendo: Cuando mañana preguntaren vuestros hijos a sus padres, y dijeren: ¿Qué significan estas piedras? declararéis a vuestros hijos, diciendo: Israel pasó en seco por este Jordán. Porque Jehová vuestro Dios secó las aguas del Jordán delante de vosotros, hasta que habíais pasado, a la manera que Jehová vuestro Dios lo había hecho en el Mar Rojo, el cual secó delante*

*de nosotros hasta que pasamos; para que todos los*
*pueblos de la tierra conozcan que la mano de Jehová*
*es poderosa; para que temáis a Jehová vuestro Dios*
*todos los días"* (Josué 4:21-24).

A través de la sorprendente obra de detener el río Jordán,
Dios confirmó una vez más que Él está con los israelitas. Por
otro lado, luego de escuchar esta noticia, los cananeos sintieron
tanto temor que sus corazones desfallecieron y ya no había
aliento en ellos.

*"Cuando todos los reyes de los amorreos que estaban*
*al otro lado del Jordán al occidente, y todos los reyes*
*de los cananeos que estaban cerca del mar, oyeron*
*cómo Jehová había secado las aguas del Jordán*
*delante de los hijos de Israel hasta que hubieron*
*pasado, desfalleció su corazón, y no hubo más aliento*
*en ellos delante de los hijos de Israel"* (Josué 5:1).

Los israelitas tenían su ánimo muy en alto y parecía que
podían conquistar la ciudad de Jericó inmediatamente, pero
Dios no les permitió que atacaran en seguida sino que hizo que
hicieran algo primero.

Antes de ese gran ataque, Dios no les dijo que preparan
sus armas y soldados para la batalla, sino que les mandó que se
circuncidaran a sí mismos.

## Significado espiritual de la circuncisión

El acto físico de la circuncisión consiste en cortar el prepucio del varón en el octavo día de su nacimiento. Esto se le ordenó primero a Abraham. En Génesis 17, Dios le prometió a Abraham que le daría la tierra de Canaán. Con la promesa, Dios le ordenó que circuncidara a los hombres. Él le dijo: *"Este es mi pacto, que guardaréis entre mí y vosotros y tu descendencia después de ti: Será circuncidado todo varón de entre vosotros"* (Génesis 17:10).

A partir de ese entonces, los hijos de Israel eran circuncidados al octavo día de su nacimiento. Este era un símbolo del pacto de que Israel era el pueblo de Dios. Él les ordenó que lo guardaran por todas las generaciones, y los que no eran circuncidados, debían ser apartados del pueblo de Dios.

Este mandamiento se aplica a nuestras vidas de la misma manera que en el tiempo del Nuevo Testamento, aunque no se trata de una circuncisión física, sino espiritual. Debemos circuncidar nuestro corazón (Deuteronomio 10:16). La circuncisión del corazón se ordena en Jeremías 4:4, que dice: *"Circuncidaos a Jehová, y quitad el prepucio de vuestro corazón..."*.

Quitar el prepucio del corazón es obedecer los mandamientos de Dios que nos dicen lo que debemos 'hacer', 'no hacer', 'guardar' o 'rechazar' según lo indicado. Es decir, mandatos como 'amar', 'no aborrecer', 'guardar el día del Señor como un día santo', 'despojarnos de toda forma de maldad'. Para llegar a santificarnos debemos 'despojarnos' de la falsedad, la maldad, la injusticia, el desenfreno y las tinieblas que son cosas en contra de la palabra de Dios y debemos 'guardar' la verdad.

En los tiempos del Antiguo Testamento tenían la circuncisión como símbolo de pertenencia a Dios ya que no era el tiempo del Espíritu Santo y la gente no podía despojarse de sus pecados por sus propias fuerzas. En los tiempos del Nuevo Testamento, la circuncisión del corazón era la señal de ser hijo de Dios.

Por lo tanto, así como se sacaba del pueblo de Dios a los que no se habían circuncidado en los tiempos del Antiguo Testamento, la circuncisión del corazón en el Nuevo Testamento está directamente relacionada con la salvación.

Josué tenía que hacer la circuncisión porque los hijos de Israel que permanecieron en el desierto desde el tiempo del Éxodo no podían hacerla. Ellos se habían circuncidado justo antes del Éxodo, y los que habían nacido en el desierto, es decir aquellos hombres menores de cuarenta años, no eran circuncidados.

Así que, antes de que la conquista de Canaán iniciara por completo, Dios hizo que todos los hombres fueran circuncidados para confirmar Su pacto una vez más.

Este no fue un hecho insignificante; una vez que eran circuncidados, iban a sentir dolor y lo iban a poder moverse con soltura por varios días. En especial, ya que habían logrado cruzar el río Jordán, ya estaban en el rango de ataque de sus enemigos. El pueblo de Jericó los observaba con cautela a una distancia muy cercana.

Si el enemigo los atacaba luego de haber sido circuncidados, habrían sido derrotados por no poder defenderse. Así que, con una manera humana de pensar, quizás dijeron: "¿Por qué no permitió Dios que nos circuncidemos mientras estábamos en el desierto? ¿Por qué nos ha permitido que lo hagamos en medio de esta situación peligrosa?" Podían haberse quejado o incluso desobedecido con aquellos pensamientos.

A veces Dios nos ordena que hagamos algo que parece imposible según los pensamientos humanos. Pero pensar que algo es imposible constituye un pensamiento carnal y es lo que nos impide experimentar las sorprendentes obras de Dios. Es el factor primario que corta o disminuye el poder de Dios que puede descender sobre nosotros.

Pero debido a que los israelitas de la segunda generación del Éxodo tenían fe, simplemente obedecieron sin decir nada. Como resultado de esto, Dios los protegió hasta que sus heridas sanaron por completo y ninguna fuerza enemiga se acercó a ellos.

## Circuncisión y batalla espiritual

Entonces, ¿cuál es la razón por la que Dios les ordenó que

se circuncidaran en medio de esa situación peligrosa? Era para enseñarles, no solo a los israelitas sino a todos, incluyendo a nosotros hoy, cómo ganar las batallas espirituales.

El proceso de la conquista de la tierra de Canaán quizás se considere como una simple lucha por la tierra entre pueblos distintos, pero en el reino espiritual se trató de una fuerte batalla espiritual por la victoria y derrota entre buenos espíritus que corresponden a Dios y espíritus malignos que intentaban deshonrar a Dios.

*"Porque no tenemos lucha contra sangre y carne, sino contra principados, contra potestades, contra los gobernadores de las tinieblas de este siglo, contra huestes espirituales de maldad en las regiones celestes"* (Efesios 6:12).

Por ejemplo: cuando el muchacho llamado David derrotó a Goliat, él dijo: *"Y sabrá toda esta congregación que Jehová no salva con espada y con lanza; porque de Jehová es la batalla, y él os entregará en nuestras manos"* (1 Samuel 17:47).

El pequeño cuerpo del muchacho (David) no tenía comparación con el cuerpo gigantesco y la gran fuerza de Goliat, pero David ganó porque era un hombre conforme al corazón de Dios. Debido a que ya había ganado la batalla espiritual, pudo derrotar a Goliat el gigante con solo una honda y una piedra.

Además, en la batalla entre Israel y Amalec después del Éxodo sucedía que cuando alzaba Moisés su mano, Israel prevalecía; mas cuando él bajaba su mano, prevalecía Amalec (Éxodo 17:11). Cuando el hombre de Dios, Moisés, levantaba su mano y oraba, Dios estaba con ellos para prevalecer en la batalla. Hay muchos otros versos en la Biblia además de este que nos dicen que la victoria en una batalla no depende de una lucha física sino espiritual (Génesis 32:24-25; Daniel 10:13).

Por ejemplo: supongamos que alguien sufre persecución en casa o en el trabajo porque es creyente. En lo externo los padres, esposo o jefe en el trabajo quizás le causen persecución, pero en el espíritu son en realidad los espíritus malignos los que incitan a la gente a provocar esos momentos difíciles.

Los que no conocen a Jesucristo y no lo han aceptado pertenecen a Satanás, el gobernante de este mundo de tinieblas. Así que los espíritus malignos pueden estimular a estas personas para que tengan pensamientos negativos.

En esta situación, si el creyente agrada a Dios y recibe Su poder, puede recibir la ayuda de los ángeles y huestes celestiales. Así los espíritus malignos perderán su poder y las mentes de los perseguidores también se calmarán, naturalmente.

Esta batalla de Josué y los hijos de Israel contra Jericó fue también una batalla espiritual bajo el control de Dios. Es por eso que el capitán del ejército del Señor se presentó ante Josué mientras él se acercaba a Jericó.

*"Y sucedió que cuando Josué estaba cerca de Jericó, levantó los ojos y miró, y he aquí, un hombre estaba frente a él con una espada desenvainada en la mano, y Josué fue hacia él y le dijo: ¿Eres de los nuestros o de nuestros enemigos? Y él respondió: No; más bien yo vengo ahora como capitán del ejército del SEÑOR. Y Josué se postró en tierra, le hizo reverencia, y dijo: ¿Qué dice mi señor a su siervo?"* (Josué 5:13-14 LBLA)

Hay algo que es absolutamente necesario para ganar este tipo de batalla espiritual y eso es la pureza de corazón.

Esta es la razón por la que Dios les ordenó que se santificaran a sí mismos antes de cruzar el río Jordán.

El capitán del ejército del Señor le dijo a Josué que se quitara las sandalias de sus pies (Josué 5:15), lo cual fue por la misma razón que la mencionada, sacar espiritualmente la inmundicia del pecado y alcanzar la pureza de la santificación.

Antes del cumplimiento de la promesa de Dios de darles la tierra de Canaán, Dios les permitió circuncidarse a sí mismos para que pudieran abstenerse del pecado y purificarse a sí mismos una vez más.

1 Juan 3:21-22 dice también: *"Amados, si nuestro corazón no nos reprende, confianza tenemos en Dios; y cualquiera cosa que pidiéremos la recibiremos de él, porque guardamos sus mandamientos, y hacemos las cosas que son agradables*

*delante de él".*

Por ende, no solo respecto a la conquista de la tierra de Canaán, sino también en los asuntos personales, primero debemos circuncidar nuestro corazón al abstenernos de la maldad del corazón, para que Dios pueda mostrar Su obra.

Ahora, había gran tensión entre los israelitas que acababan de circuncidarse y el pueblo de Jericó, tal como la tensión a la víspera de una tormenta.

Pero Dios ya había enviado a Su ejército celestial para esta batalla y le había prometido a Josué lo siguiente: *"Mira, yo he entregado en tu mano a Jericó y a su rey, con sus varones de guerra"* (Josué 6:2). Incluso la fuerte ciudad de Jericó ya estaba en las manos de Dios.

*"Porque pregunta ahora si en los tiempos pasados que han sido antes de ti, desde el día que creó Dios al hombre sobre la tierra, si desde un extremo del cielo al otro se ha hecho cosa semejante a esta gran cosa, o se haya oído otra como ella"* (Deuteronomio 4:32).

¿Quién puede dividir un mar para hacer en él un camino? ¿Quién puede detener la corriente de un río desbordado, abrir las puertas de los cielos para proveer el alimento diario y hacer salir agua de una roca? Únicamente el Dios Todopoderoso puede hacer estas cosas.

No son solo productos de la imaginación, mitos o leyendas,

sino que son puramente hechos históricos que no contienen mentiras.

Por consiguiente, al igual que los sacerdotes que se pararon en el río llevando el arca del pacto y sin temor de lo que sus ojos podían ver, debemos poder pararnos con valentía, salir y trabajar para la gloria de Dios.

# Capítulo 7

# "Porque Jehová os ha entregado la ciudad"

## - La conquista de Jericó -

## Josué 6:12, 15-16

❧⊙⊙⊙☙

"Y Josué se levantó de mañana, y los sacerdotes tomaron el arca de Jehová. Al séptimo día se levantaron al despuntar el alba, y dieron vuelta a la ciudad de la misma manera siete veces; solamente este día dieron vuelta alrededor de ella siete veces. Y cuando los sacerdotes tocaron las bocinas la séptima vez, Josué dijo al pueblo: Gritad, porque Jehová os ha entregado la ciudad".

Alrededor de todo el muro de la ciudad que rodeaba Jericó había un silencio profundo. Jericó era la puerta a la tierra de Canaán y una gran ciudad. Seguramente había personas moviéndose por todo lado, pero todo estaba muy silencioso.

*"Ahora, Jericó estaba cerrada, bien cerrada, a causa de los hijos de Israel; nadie entraba ni salía"* (Josué 6:1).

Las personas dentro de la ciudad esperaban silenciosamente la batalla inevitable con los israelitas y prestaban mucha atención a cada uno de sus movimientos.

## La manera de Dios para conquistar la ciudad de Jericó

Era claro que la gente en Jericó tenía ventaja sobre los israelitas; estaban dentro de los sólidos muros de la ciudad mientras que los israelitas estaban en el campo sin modo alguno de retirarse porque el río Jordán estaba detrás de ellos.

El sentido común nos dice que Israel obviamente sería derrotado, pero Dios dijo que ganarían. En Josué 6:2 leemos:

*"Mas Jehová dijo a Josué: Mira, yo he entregado en tu mano a Jericó y a su rey, con sus varones de guerra".*

Si hubieran tenido las modernas armas actuales, el muro de la ciudad no habría sido un problema, pero ni siquiera tenían pólvora. La ciudad de Jericó tenía un muro interno y otro externo. Este era tan sólido que incluso los carros recorrían sobre él y estaba muy protegido por soldados armados. Sencillamente no había manera de conquistar solo con la fuerza de los hijos de Israel.

En esta situación, Dios les enseñó un método que no es fácil de entender con el sentido común. Les dijo que marcharan una vez alrededor de la ciudad durante seis días, y siete veces en el séptimo día.

Al frente iban los hombres armados seguidos por los siete sacerdotes con siete bocinas de cuernos de carnero y los hombres llevando el arca del Señor inmediatamente detrás. Luego la gente de la nación de Israel que marcharía detrás del arca del Señor. En el séptimo día, luego de marchar alrededor de la ciudad siete veces, los sacerdotes tocarían las trompetas y entonces la gente gritaría, y la ciudad de Jericó colapsaría.

En este caso, el número siete que aparece repetidas veces, es el número de la perfección. Esto significa que tenían que creer en Dios por completo y obedecerle. Dios les dijo que cuando la gente gritara con los sacerdotes tocando las bocinas, el muro de la ciudad caería, lo que implica espiritualmente que la voluntad de Dios es que nosotros clamemos.

*"Clama a mí, y yo te responderé, y te enseñaré cosas grandes y ocultas que tú no conoces"* (Jeremías 33:3).

Podemos ver en la Biblia que los profetas y los discípulos de Jesús clamaron con alta voz en sus oraciones. Cuando Jesús revivió a Lázaro, él *"clamó a gran voz: ¡Lázaro, ven fuera! Y el que había muerto salió, atadas las manos y los pies con vendas, y el rostro envuelto en un sudario"* (Juan 11:43-44).

Cuando Jesús llamó al hombre muerto, una voz fuerte o suave habría sido igual. No obstante, debido a que Él estaba orando ante el Dios vivo, clamó en alta voz. Esta es también la razón por la que Él oró hasta que Su sudor se convirtió en gotas de sangre que caían al piso mientras oraba en Getsemaní, justo antes de ser llevado a la cruz (Lucas 22:44).

Así como podemos comer las cosechas de la tierra con nuestro esfuerzo (Génesis 3:17), podemos recibir la respuesta a nuestra oración con mayor rapidez cuando nos esforzamos y clamamos en oración. Asimismo, la voluntad de Dios para nosotros es que clamemos en oración cuando le pidamos cualquier cosa.

## Los hijos de Israel conquistaron Jericó con fe

¿Esos muros muy sólidos de la ciudad de Jericó cayeron por causa de los gritos de la gente? Esto es absolutamente imposible e incomprensible con los pensamientos humanos. Pero la segunda generación del Éxodo había pasado por el entrenamiento de su fe y no hicieron ningún comentario negativo ni se quejaron, sino que simplemente obedecieron.

Ahora, la gente de la ciudad de Jericó vio algo muy extraño: se prepararon para pelear ya que parecía que todo el ejército y la gente de la nación de Israel se acercaban para atacar, pero simplemente marchaban alrededor de la ciudad una vez y regresaban a su campamento.

Al segundo día fue igual; los israelitas no les lanzaron ni siquiera una piedra y solo marcharon alrededor de la ciudad una vez y se regresaron. Continuaron haciendo eso por seis días. ¡Cuán atónito y perplejo habrá estado el pueblo de Jericó! Estaban tan perplejos ante esa estrategia que no comprendían, que ni siquiera consideraron lanzar una flecha al pueblo de Israel.

La gente de Jericó se tornó totalmente nerviosa al observar a los israelitas marchando con tanta valentía alrededor del muro de la ciudad con las bocinas que ni siquiera pensaron en atacar.

Si hubieran atacado, las cosas habrían sido distintas. Sin embargo, sentían tanto temor de los israelitas que cruzaron el río Jordán gracias a la obra de Dios, que ni siquiera lograban moverse en absoluto. Quizás estaban pensando que los israelitas tenían algún tipo de estrategia especial. Esto se debía a que Dios hizo que temieran mucho a los israelitas, al punto de no poder hacer nada más que observar los incomprensibles actos de ellos.

No obstante, al séptimo día, sus acciones cambiaron. Comenzaron a marchar alrededor de la ciudad desde muy temprano en la mañana. Marcharon siete veces, y una vez que los sacerdotes tocaron las bocinas, Josué les dio la señal.

*"Josué dijo al pueblo: Gritad, porque Jehová os ha entregado la ciudad"* (Josué 6:16).

Cuando el pueblo comenzó a gritar con fuerza tras la señal de Josué, algo realmente sorprendente sucedió. Ambos muros de la ciudad que parecían tan impenetrables junto a sus muchos soldados, comenzaron a colapsar en un instante.

### ¡Tan solo imagine esta escena sorprendente!

Es imposible que un muro o edificio de cualquier ciudad colapse sin someterlo a algún tipo de impacto o presión. Pero este muro doble de la ciudad, el uno de 1,80 metros y el otro de 3,30 metros de espesor, cayó sin ponerle un dedo encima.

A través del clamor del pueblo de Israel, el muro de la ciudad se convirtió en un montón de rocas que rugieron al colapsar y mucho polvo cubrió el cielo. Dentro de la ciudad había caos. Con los gritos de aquellos que fueron aplastados por los muros rotos, la gente y los soldados adentro corrían de un lado a otro. Los hijos de Israel pudieron conquistar esta ciudad con mucha facilidad.

En nuestra vida quizás encontremos problemas que parecen impenetrables como la ciudad de Jericó. Incluso cuando parezca no haber solución, los que tienen gran fuerza de voluntad se esforzarán al máximo por resolver los problemas. Sin embargo, incluso estas personas son incapaces con los problemas que sobrepasan la habilidad humana. Finalmente caerán y colapsarán en el desánimo.

Por otro lado, los hijos de Dios que tienen fe, no tienen nada de qué preocuparse. Ellos creen que las cosas que son imposibles para el hombre, son posibles gracias al poder de Dios. Discernirán cuál es la voluntad de Dios y actuarán con fe. Luego Dios resolverá todos sus problemas de la manera que detuvo al río Jordán o que destruyó la ciudad de Jericó.

En Salmos 20:7 leemos: *"Estos confían en carros, y aquéllos en caballos; Mas nosotros del nombre de Jehová nuestro Dios tendremos memoria".* Como está escrito, si no confiamos en los métodos del conocimiento del mundo sino que confiamos en Dios y marchamos con fe, Dios peleará por nosotros y nos dirigirá.

## La justicia de Dios y la conquista de Jericó

Los hijos de Israel no tomaron ningún botín de la ciudad personalmente, sino que quemaron algunas cosas y ofrecieron otras a Dios. Debido a que era algo que habían obtenido por primera vez en la tierra prometida, se lo ofrecían a Dios. Esto es como dar el primer fruto de nuestros ingresos a Dios.

Excepto por Rahab (la mujer que salvó a los dos espías israelitas) y su familia, los israelitas mataron a cada persona y cada animal en Jericó. Algunos quizás piensen que fue muy cruel matar a todas las personas de la ciudad, pero había una razón para ello.

Fue necesario asesinar a cada persona y cada animal en la ciudad de Jericó para poder mantener la santidad de los israelitas. La gente de Canaán estaba llevando un estilo de vida completamente corrupto. De manera particular, hacían el papel de la ramera que adoraba ídolos.

Si los hijos de Israel hubieran permitido que vivan para morar entre ellos, se habrían manchado con su pecado y finalmente habrían caído en la muerte. Por esta razón Dios no tuvo otra opción más que permitir la muerte de toda la gente en Jericó.

*"Y consumirás a todos los pueblos que te da Jehová tu Dios; no los perdonará tu ojo, ni servirás a sus dioses, porque te será tropiezo"* (Deuteronomio 7:16).

Los que no comprenden esta situación quizás piensan que la conquista de la tierra de Canaán fue algo injusto debido a que ya había personas viviendo en esa tierra, pero Dios la tomó y se la dio a los israelitas e incluso les ordenó que mataran a todos en esa tierra.

Pero la conquista de la tierra de Canaán no fue tan solo para dar esa tierra a los israelitas, sino que fue también un resultado del castigo justo a los cananeos que estaban viviendo en sobreabundancia de pecados.

En Génesis 15, Dios profetizó a Abraham que el pueblo de Israel entraría en la tierra de Canaán. Ellos serían esclavizados en Egipto, pero luego regresarían. Sin embargo, aún no era el tiempo. Dios dijo que esto se debía a que *"aún no ha llegado a su colmo la maldad del amorreo hasta aquí"* (v. 16).

Dentro de la justicia de Dios, si el pecado de un pueblo alcanza cierto límite, Él debe pasar juicio y no hay otra opción aparte del castigo. Esto es así ya que, si se deja sin tratar el pecado, se difunde rápidamente como una enfermedad contagiosa.

Ejemplos de estos casos son el castigo con fuego y azufre sobre Sodoma y Gomorra, el diluvio en el tiempo de Noé y la destrucción de Pompeya.

Toda la ciudad de Pompeya se cubrió con una erupción volcánica muy repentina. Cuando vemos los restos, podemos observar que la gente de la ciudad era muy corrupta en lo religioso y moral, de modo que debían ser castigados.

Esto fue hace miles de años atrás, pero Dios le había dado a Moisés mandamientos que prohibían acostarse o amancillarse con animales y la homosexualidad (Levítico 18:22-23; 20:13-16). Esto nos dice que estas cosas ya existían en ese entonces.

La Biblia también registra que aquellos que servían a Moloc, Baal o Asera se hacían daño a sí mismos, quemaban a sus hijos en sacrificio y cometían actos de adulterio ante los ídolos (Éxodo 34:15; Levítico 18:21, 20:5; Deuteronomio 31:16).

Así también los cananeos eran corruptos, por lo que debían ser castigados. El método de castigo fue diferente al de Sodoma y Gomorra o Pompeya; ellos fueron destruidos por los hijos de Israel, el pueblo escogido de Dios. Sin embargo, Dios no los castigó de inmediato. Él esperó pacientemente y les dio muchas oportunidades, pero finalmente sus pecados prevalecieron al punto de tener que ser castigados. Hasta el mismo final, Él les dio muchas oportunidades para que cambiaran.

Por ejemplo: en el tiempo del profeta Jonás, Dios le ordenó que fuera a la ciudad de Nínive para proclamar el castigo de Dios de modo que pudieran arrepentirse. Aunque era la ciudad capital de Asiria, que era un país hostil hacia Israel, cuando la gente de Nínive se arrepintió de sus pecados, Dios les dio gracia y no destruyó la ciudad.

*"Misericordioso y clemente es Jehová; Lento para la ira, y grande en misericordia"* (Salmos 103:8).

Dios le dio a la gente de Jericó muchas oportunidades y fue paciente por un largo tiempo, pero ellos no se arrepintieron y al final tuvieron que ser destruidos.

## La salvación de Rahab y su familia

Hay un incidente más en particular mediante el cual podemos sentir la misericordia y compasión de Dios. Este fue Rahab, la ramera quien ayudó a los dos espías enviados a explorar la ciudad. Cuando Rahab escuchó acerca de las obras de Dios demostradas a través de Israel, ella creyó en Dios y escondió a los espías.

Ellos le prometieron que la salvarían junto a su familia

cuando conquistaran Jericó, pero había una condición: ella debía atar en su ventana un cordel de hilo escarlata, el cual fue usado para que escaparan los mensajeros, y ella y su familia debían quedarse dentro de la casa. Esta fue la condición para que ellos fueran protegidos en el caos de la guerra.

Esto fue de alguna manera similar a la plaga y muerte de los primogénitos en el tiempo del Éxodo. Cuando todos los primogénitos murieron durante la noche, ninguno de los primogénitos de Israel murió. En ese entonces también hubo una condición: debían poner la sangre del Cordero en los postes y el dintel de la puerta y debían quedarse dentro de la casa para que Dios los protegiera.

Esto nos dice espiritualmente el principio mediante el cual los hijos de Dios son protegidos de los desastres de este mundo. Actualmente los pecados prevalecen y hay muchos tipos de calamidades. Muchas personas sufren enfermedades y mueren en guerras, hambres, terremotos, tifones y huracanes, inundaciones y varias enfermedades.

Pero a través de la preciosa sangre de Jesús, Dios guarda a Sus hijos para que no enfrenten desastres. La condición es que permanezcan dentro de la preciosa sangre de Jesús. Los israelitas ponían la sangre en los postes y el dintel de la puerta y no salían, y de igual manera Rahab y su familia pusieron el cordel de hilo escarlata en la ventana y no salieron. Así mismo, para ser protegidos debemos vivir en la palabra de Dios y no debemos salir al mundo para comprometernos con él.

1 Juan 3:24 nos recuerda: *"Y el que guarda sus mandamientos, permanece en Dios, y Dios en él. Y en esto sabemos que él permanece en nosotros, por el Espíritu que nos ha dado"*. Cuando guardamos los mandamientos, el Señor puede estar con nosotros y podemos ser protegidos en todo tiempo. Actualmente hay muchos creyentes, pero siguen sufriendo persecuciones y pruebas porque no comprenden este punto.

*"Si oyeres atentamente la voz de Jehová tu Dios, e hicieres lo recto delante de sus ojos, y dieres oído a sus mandamientos, y guardares todos sus estatutos, ninguna enfermedad de las que envié a los egipcios te enviaré a ti; porque yo soy Jehová tu sanador"* (Éxodo 15:26).

Aunque Rahab era una prostituta, Dios guardó a una persona así del castigo porque ella tenía un buen corazón y temía a Dios. Además, a través de una sola persona, en este caso Rahab, la vida de sus padres, hermanos, hermanas y parientes alcanzó salvación.

Además Rahab era una mujer gentil, pero recibió la bendición de ser parte de la genealogía de Jesús por su fe en Dios. Él guió estas personas de buen corazón a la salvación aun en medio de una situación en la que debía castigar a la ciudad de Jericó por sus pecados.

## Profecía de Josué acerca de la reconstrucción de Jericó

Hubo otro incidente asombroso referente a Jericó. Después de que Josué destruyó Jericó según el mandato de Dios, él juró que Jericó jamás sería reconstruida.

*"Entonces Josué les hizo un juramento en aquel tiempo, diciendo: Maldito sea delante del SEÑOR el hombre que se levante y reedifique esta ciudad de Jericó; con la pérdida de su primogénito echará su cimiento, y con la pérdida de su hijo menor colocará sus puertas"* (Josué 6:26).

La palabra de Josué estaba tan garantizada por Dios que se cumplió en el tiempo del rey Acab, unos 500 años después.

En 1 Reyes 16:34 leemos: *"En su tiempo Hiel de Bet-el reedificó a Jericó. A precio de la vida de Abiram su primogénito echó el cimiento, y a precio de la vida de Segub su hijo menor puso sus puertas, conforme a la palabra que Jehová había hablado por Josué hijo de Nun".*

El hombre puede olvidar o su memoria puede debilitarse con el paso del tiempo, pero la palabra de Dios jamás cambia, ni siquiera con el paso del tiempo, y Él garantiza las palabras de Sus profetas.

Capítulo 8

# "Y aun han quebrantado mi pacto"

*- El pecado de Acán -*

## Josué 7:10-13

❧◉❧

"Y Jehová dijo a Josué: Levántate; ¿por qué te postras así sobre tu rostro? Israel ha pecado, y aun han quebrantado mi pacto que yo les mandé; y también han tomado del anatema, y hasta han hurtado, han mentido, y aun lo han guardado entre sus enseres. Por esto los hijos de Israel no podrán hacer frente a sus enemigos, sino que delante de sus enemigos volverán la espalda, por cuanto han venido a ser anatema; ni estaré más con vosotros, si no destruyereis el anatema de en medio de vosotros. Levántate, santifica al pueblo, y di: Santificaos para mañana; porque Jehová el Dios de Israel dice así: Anatema hay en medio de ti, Israel; no podrás hacer frente a tus enemigos, hasta que hayáis quitado el anatema de en medio de vosotros".

Por medio de su victoria en Jericó, los hijos de Israel estaban muy animados y marcharon hacia la ciudad de Hai. Sin embargo, en el momento olvidaron algo: que no conquistaron la ciudad de Jericó por su gran habilidad, sino porque Dios estaba con ellos. Posteriormente, cuando atacaron la ciudad de Hai, no tendrían que haberlo hecho confiando solo en su opinión personal, sino que debían haber aprendido la voluntad de Dios primero. Pero debido a que Hai era una ciudad pequeña, simplemente confiaron en su propia fuerza y habilidad.

## La derrota en Hai

Los mensajeros que exploraron la ciudad de Hai le dijeron a Josué: *"No suba todo el pueblo, sino suban como dos mil o tres mil hombres, y tomarán a Hai; no fatigues a todo el pueblo yendo allí, porque son pocos"*. Ya que conquistaron a la impenetrable Jericó con facilidad, pensaron que Hai no sería ningún problema para ellos.

Por supuesto que si se hubiese tratado de un asunto difícil como la conquista de Jericó, habrían consultado a Dios primero, pero pensaron que podían conquistar la ciudad de Hai solo con sus propias fuerzas. Fue aquí donde Josué cometió un error muy grave.

Sin tratar de conocer la voluntad de Dios, él tomó una decisión tras escuchar únicamente el reporte de los mensajeros. Cuando cruzaron el río Jordán y conquistaron Jericó, ellos escucharon a Dios, mas esta vez Josué solo escuchó a los hombres.

En base al reporte de los mensajeros, solo tres mil hombres subieron a la batalla en la que Israel fue derrotado brutalmente. Fueron perseguidos por el pueblo de Hai y treinta y siete de ellos murieron en la lucha.

Pensaron que Dios estaba con ellos y que ciertamente ganarían, pero solo sufrieron bajas sin llegar a conquistar la pequeña ciudad de Hai. Esto les causó un gran impacto; no fue sencillamente una derrota, sino un gran problema porque Dios ya no estaba con ellos.

Es por eso que en Josué 7:5 leemos: *"Y los de Hai mataron de ellos a unos treinta y seis hombres, y los siguieron desde la puerta hasta Sebarim, y los derrotaron en la bajada; por lo cual el corazón del pueblo desfalleció y vino a ser como agua"*.

El solo hecho de que los israelitas cruzaron el río Jordán y conquistaron la ciudad de Jericó no significaba que la conquista de Canaán estaba completa. En las continuas batallas que iban a seguir, tenían que estar en alerta y recibir la ayuda de Dios.

Por lo general, incluso en este mundo, cuando la gente hace algo grandioso, actúan discretamente con firme determinación en el principio, pero una vez que superan ciertas situaciones difíciles, sus mentes se tornan más relajadas, se vuelven perezosos u orgullosos, y finalmente fracasan.

La razón por la que los israelitas pudieron cruzar el río Jordán y conquistar la fuerte ciudad de Jericó tan fácilmente no fue porque tenían grandes habilidades, sino porque Dios estaba con ellos. Ellos se olvidaron de esto y fueron derrotados en la batalla contra la pequeña ciudad de Hai.

## El pecado de Acán

Entonces Josué rompió sus vestidos, y se postró en tierra sobre su rostro delante delarca de Jehová hasta caer la tarde, él y los ancianos de Israel; y echaron polvo sobre sus cabezas". Él se arrepintió ante Dios asumiendo la responsabilidad en calidad de líder.

*"¡Ay, Señor! ¿qué diré, ya que Israel ha vuelto la espalda delante de sus enemigos? Porque los cananeos y todos los moradores de la tierra oirán, y nos rodearán, y borrarán nuestro nombre de sobre la tierra; y entonces, ¿qué harás tú a tu grande nombre?"* (Josué 7:8-9)

Ya que sabían que Dios estaba con ellos, Israel podía ser valiente ante sus enemigos y esa era la razón por la que los cananeos les temían. Pero al ver que fueron derrotados por Hai, sintieron que era una indicación segura de que Dios les había dado Sus espaldas. Si Él hubiera abandonado a Israel, no habría habido ningún otro camino para ellos aparte de su aniquilamiento por el enemigo en el centro del campo de batalla.

Josué rasgó su corazón y clamó a Dios porque no comprendió por qué había ocurrido algo así y lo que debía hacer al respecto. Asimismo, si tenemos algún problema en casa, en el trabajo o en los negocios, debemos entender que tenemos un problema. Debemos examinarnos a nosotros mismos y descubrir qué estuvo mal ante los ojos de Dios para entonces arrepentirnos por ello.

Cuando Josué cayó en tierra ante el arca del Señor junto a los ancianos de Israel, Dios le dijo la razón de su derrota.

Dios les dijo a los israelitas que ofrecieran a Dios todo lo que habían obtenido en Jericó, la primera ciudad que conquistaron, pero uno de los hijos de Israel desobedeció (Josué 7:11-12). Dios les dijo también que no podría estar con ellos hasta que solucionaran este problema.

En este caso, Dios no les dijo directamente quién era aquella persona, sino que les dijo que lo encontraran mediante un sistema de sorteo.

Josué transmitió la orden de Dios al pueblo y les dijo que se santificaran a sí mismos. Ya era un poco tarde porque ya habían perdido una batalla, pero aun así debían alejarse y solucionar el problema del pecado entre los hijos de Israel.

*"Levántate, santifica al pueblo, y di: Santificaos para mañana; porque Jehová el Dios de Israel dice así:*

*Anatema hay en medio de ti, Israel; no podrás hacer frente a tus enemigos, hasta que hayáis quitado el anatema de en medio de vosotros"* (Josué 7:13).

A la mañana siguiente, cuando echaron suertes entre todas las tribus de Israel, la tribu de Judá fue la elegida. Luego, entre la tribu de Judá fue elegida la familia de Zera, y entre ellos fue elegido Zabdi. Finalmente salió elegido Acán entre los varones de Zabdi.

La probabilidad de ser elegido por la suerte era la misma para todos. Si echamos suertes entre cien personas, la probabilidad de ser elegido es de una en cien. Pero Dios seleccionó con exactitud a este hombre, Acán, quien pecó de entre un par de millones de personas.

Proverbios 16:33 dice: *"La suerte se echa en el regazo; Mas de Jehová es la decisión de ella"*. Esto no fue coincidencia, sino la obra de Dios mismo. Así, desde entonces, el pueblo de Israel a menudo echaba suerte cuando hacía algo en el nombre de Dios.

Es decir, estos casos se dieron cuando estaban distribuyendo la tierra de Canaán, cuando Jonás enfrentó una gran tormenta mientras huía a Tarsis en desobediencia a la palabra de Dios y cuando seleccionaron al discípulo que sería reemplazo de Judas Iscariote (Josué 18:10; 19:51; Jonás 1:7; Hechos 1:26).

Tan solo al ver el proceso mediante el cual se reveló el pecado de Acán podemos entender una vez más que Dios conoce todo tan claramente y Él está en control de todas las cosas.

*"Entonces Josué dijo a Acán: Hijo mío, da gloria a Jehová el Dios de Israel, y dale alabanza, y declárame ahora lo que has hecho; no me lo encubras"* (Josué 7:19).

*"Pues vi entre los despojos un manto babilónico muy bueno, y doscientos siclos de plata, y un lingote de oro de peso de cincuenta siclos, lo cual codicié y tomé; y he aquí que está escondido bajo tierra en medio de mi tienda, y el dinero debajo de ello"* (Josué 7:21).

Acán fue seleccionado inevitablemente por el sorteo ordenado por Dios. Cuando Josué le pidió que dijera la verdad, él no pudo esconder lo que había hecho y confesó que había ocultado lo que había tomado en la tierra dentro de su tienda.

Por medio de esto debemos recordar que Dios no estaba con la totalidad del pueblo de Israel por causa del pecado de una sola persona. En la segunda parte de Eclesiastés 9:18, leemos: *"...pero un pecador destruye mucho bien"*.

Incluso hoy, a veces una organización entera debe asumir la responsabilidad por un mal acto cometido por uno solo de sus miembros. La corrupción de un funcionario público mancha el nombre de todos los funcionarios públicos. En el mundo militar, una unidad entera de soldados quizás reciba algún tipo de castigo como resultado de las malas acciones de una sola persona.

Lo que Dios deseaba era la santificación completa de todo Israel, así como la obediencia total. Si una persona desobedecía, podía provocar que Dios abandonara todo Israel.

## Conquista de la ciudad de Hai

Para resolver este problema, Israel debía destruir los rastros del pecado por completo y derribar el muro de pecado que se levantaba entre ellos y Dios. Josué les dijo que tomaran a Acán y el dinero, el manto, el lingote de oro, su familia, sus animales y todo cuanto tenía, y lo llevaron todo al valle de Acor. Y todos los israelitas los apedrearon, y los quemaron después de apedrearlos. Y levantaron sobre él un gran montón de piedras, que permanece hasta hoy, y por esto aquel lugar se llama el Valle de Acor, hasta hoy.

Uno puede pensar que el castigo que se le dio por robar un manto, plata y oro es algo demasiado cruel. Pero en Éxodo 22 vemos cuál era el castigo por robar. Un ladrón debía compensar dos veces más la cantidad de lo robado, o debía retribuir lo robado en cuatro a cinco veces más según el objeto que había tomado.

Pero en este caso el pecado de Acán no era el de un simple robo; él robó lo que se había apartado exclusivamente para Dios. Esto implica que él no temía a Dios en absoluto, lo que significa que él tomó el nombre de Dios en vano y no creyó en Él. Dios les dijo con detalle cómo atacar la ciudad de Hai únicamente después de que Israel solucionó el problema del pecado (Josué 8).

La estrategia que Dios le dio a Israel fue en esencia que pretendieran que estaban siendo derrotados y que se retiraran mientras continuaban en la batalla, para que así pudieran sacar de la ciudad de Hai a la fuerza enemiga. Luego, otros soldados israelitas que estaban escondidos en una emboscada cerca de la ciudad iban a entrar por la ciudad, conquistarla y quemarla.

Josué siguió las instrucciones de Dios. Tendió una emboscada con algunos soldados al oeste de la ciudad y dirigió a otros soldados a unirse a él para pelear al norte de la ciudad. Pronto empezaron la retirada. Ya que el pueblo de Hai ya había obtenido una victoria, no fueron lo suficientemente cuidadosos y dejaron las puertas de la ciudad abiertas para seguir a los soldados israelitas.

En ese momento, Josué dio la señal extendiendo su jabalina, y los soldados que estaban en la emboscada se levantaron y fácilmente conquistaron la ciudad vacía. Los soldados de los dos grupos atacaron a los soldados de Hai y los destruyeron por completo.

## La lección en la conquista de Hai

Podemos aprender un par de cosas importantes en el proceso que involucró la conquista de la ciudad de Hai. La primera es que debemos conocer la voluntad de Dios en todo.

Ellos no tendrían que haber pensado que dos o tres mil hombres eran suficientes porque se trataba de una ciudad pequeña, sino que debían haber preguntado a Dios lo que debían hacer. Hasta el momento que conquistaron todas las tierras de Canaán, tenían que pedir el poder de Dios con un corazón y una mente humilde.

En esencia, cuando planificamos algo y tratamos de alcanzarlo, primero debemos escuchar la voz del Espíritu Santo y ser guiados por Él a través de la oración ferviente para discernir la voluntad de Dios.

Asimismo, para que podamos caminar con Dios, debemos abstenernos del pecado y la maldad por completo, y llegar a santificarnos. La razón por la que Israel perdió en Hai la primera vez no consistió en que ese pueblo era grande y fuerte, sino que Dios no estaba con ellos por causa del pecado de Acán. Únicamente después de quitar los pecados de Israel pudieron ganar con la ayuda de Dios.

Uno de los errores comunes que cometen los hombres es que están tan interesados en alcanzar algunas obras de Dios que a veces no disciernen la voluntad de Dios, que es lo más importante.

En 1 Tesalonicenses 4:3 leemos: *"...pues la voluntad de Dios es vuestra santificación"*. Los israelitas en aquel entonces pensaron que lo más importante era atacar rápidamente la ciudad de Hai y conquistarla, pero en realidad lo más importante para Dios era que el pueblo de Israel se apartara de sus pecados y guardara su santidad como pueblo elegido de Dios.

Lo mismo sucede en la actualidad. Aunque trabajamos tanto para el reino de Dios, constantemente debemos examinar nuestras palabras y obras para abstenernos del pecado, para que podamos alcanzar la paz con todos y la santificación.

Únicamente cuando limpiamos nuestro corazón y recibimos la guía del Espíritu Santo para obedecer lo que Dios desea en verdad, podemos cosechar fruto bueno y abundante en todas las cosas y glorificar a Dios.

## Proclamación en los montes Gerizim y Ebal

Josué no continuó simplemente marchando para conquistar el resto de la tierra de Canaán sino que levantó un altar ante Dios junto al pueblo. Esto fue parte de la última voluntad de Moisés.

*"He aquí yo pongo hoy delante de vosotros la bendición y la maldición: la bendición, si oyereis los mandamientos de Jehová vuestro Dios, que yo os prescribo hoy, y la maldición, si no oyereis los mandamientos de Jehová vuestro Dios, y os apartareis del camino que yo os ordeno hoy, para ir en pos de dioses ajenos que no habéis conocido. Y cuando Jehová tu Dios te haya introducido en la tierra a la cual vas para tomarla, pondrás la bendición sobre el monte Gerizim, y la maldición sobre el monte Ebal"* (Deuteronomio 11:26-29).

Al centro de la tierra de Canaán había dos montes; uno llamado Gerizim y otro llamado Ebal. Moisés pidió a Josué que proclame los mandamientos de Dios a la gente una vez más en este lugar.

Debido a que habían pasado por una derrota por causa del pecado de Acán, Josué posiblemente sintió una vez más la necesidad de enseñar al pueblo la Ley de Dios que les había sido dada por medio de Moisés.

Josué construyó el altar, dividió el pueblo en dos y permitió que cada grupo se levantara ante los montes Gerizim y Ebal, y los levitas comenzaron a proclamar la Ley de Dios en voz alta.

Cuando se proclamaron las palabras de bendición, las personas de las tribus de Simeón, Leví, Judá, Isacar, José y Benjamín quienes estaban en el monte Gerizim respondieron diciendo "Amén", y respecto a las maldiciones, las personas de las tribus de Rubén, Gad, Aser, Zabulón, Dan y Neftalí respondieron diciendo "Amén" en el monte Ebal.

¿Puede imaginar qué tipo de impacto tuvo esto en el corazón de los hijos de Israel? Millones de personas separadas en dos grupos, la Ley de Dios proclamada solemnemente y el pueblo respondiendo "Amén", tanto a las bendiciones como a las maldiciones.

Los que asistieron a esta sosegada ceremonia probablemente recordaron los mandamientos de Dios y sintieron el deseo de no quebrantarlos jamás, hasta el día de su muerte. En especial experimentaron de manera muy clara, por medio de la derrota en Hai, qué tipo de bendiciones y maldiciones podían experimentar en base a su obediencia o desobediencia a la Palabra de Dios.

Moisés les había enseñado la Palabra de Dios muchas veces, y ahora Josué lo estaba haciendo una vez más. Sin embargo, Dios lo hizo de manera tan dramática para que el pueblo pudiera guardar la Ley en lo profundo del corazón.

No podemos exagerar la importancia de la Ley de Dios. Aunque aprendieron la Ley de Dios una y otra vez, a veces abandonaban a Dios y cometían pecados. En consecuencia, sufrían hambres, guerras y supresión de otros países. Una y otra vez se arrepentían y buscaban a Dios en tiempos de dificultad, pero cuando tenían paz, quebrantaban la Ley otra vez.

No obstante, si recibimos la solución a nuestros problemas y habitamos en el pecado otra vez, la Biblia nos dice que sufriremos algo aún peor que antes. Luego de que Jesús sanara a un paralítico, Él le dijo que no siguiera pecando (Juan 5:14). 2 Pedro 2:20 dice también: *"Ciertamente, si habiéndose ellos escapado de las contaminaciones del mundo, por el conocimiento del Señor y Salvador Jesucristo, enredándose otra vez en ellas son vencidos, su postrer estado viene a ser peor que el primero"*.

Lo que Dios anhela de Sus hijos no es que crean forzosamente solo para evitar sufrimientos o calamidades, sino que quiere que los hijos verdaderos que entienden el corazón de Dios, guarden Sus mandamientos con gozo y gratitud por Su amor y que se santifiquen a sí mismos para asemejarse a Dios mismo.

## Capítulo 9

# El sol se detuvo y la luna se paró

- Victoria de la batalla de Gabaón -

## Josué 10:12-14

꧁◦◉◦꧂

"Entonces Josué habló a Jehová el día en que Jehová entregó al amorreo delante de los hijos de Israel, y dijo en presencia de los israelitas: Sol, detente en Gabaón; Y tú, luna, en el valle de Ajalón. Y el sol se detuvo y la luna se paró, hasta que la gente se hubo vengado de sus enemigos. ¿No está escrito esto en el libro de Jaser? Y el sol se paró en medio del cielo, y no se apresuró a ponerse casi un día entero. Y no hubo día como aquel, ni antes ni después de él, habiendo atendido Jehová a la voz de un hombre; porque Jehová peleaba por Israel".

En el tiempo en el que Israel estaba entrando en la tierra de Canaán, había siete tribus locales principales que se habían establecido en las tierras. Estas eran: los cananeos, los heteos, los heveos, los ferezeos, los gergeseos, los amorreos y los jebuseos. Los gergeseos eran relativamente más débiles que los demás y posteriormente se integraron a otras tribus. Por ende, a veces la Biblia menciona solo seis tribus, dejando a los gergeseos de lado. Adicionalmente había filisteos, amalecitas y quenitas que estaban situados alrededor de Canaán.

Cuando se conquistó la ciudad de Hai que estaba situada en la parte central de Canaán, los distintos pueblos en Canaán sentían temor y trataron de encontrar una solución. Los heteos, amorreos, cananeos, heveos y jebuseos acordaron formar una fuerza unida para luchar contra la nación de Israel.

No obstante, otra tribu intentó un método distinto.

## Mentiras de Gabaón para hacer una alianza de paz

Cierto día algunos extraños llegaron al campamento de

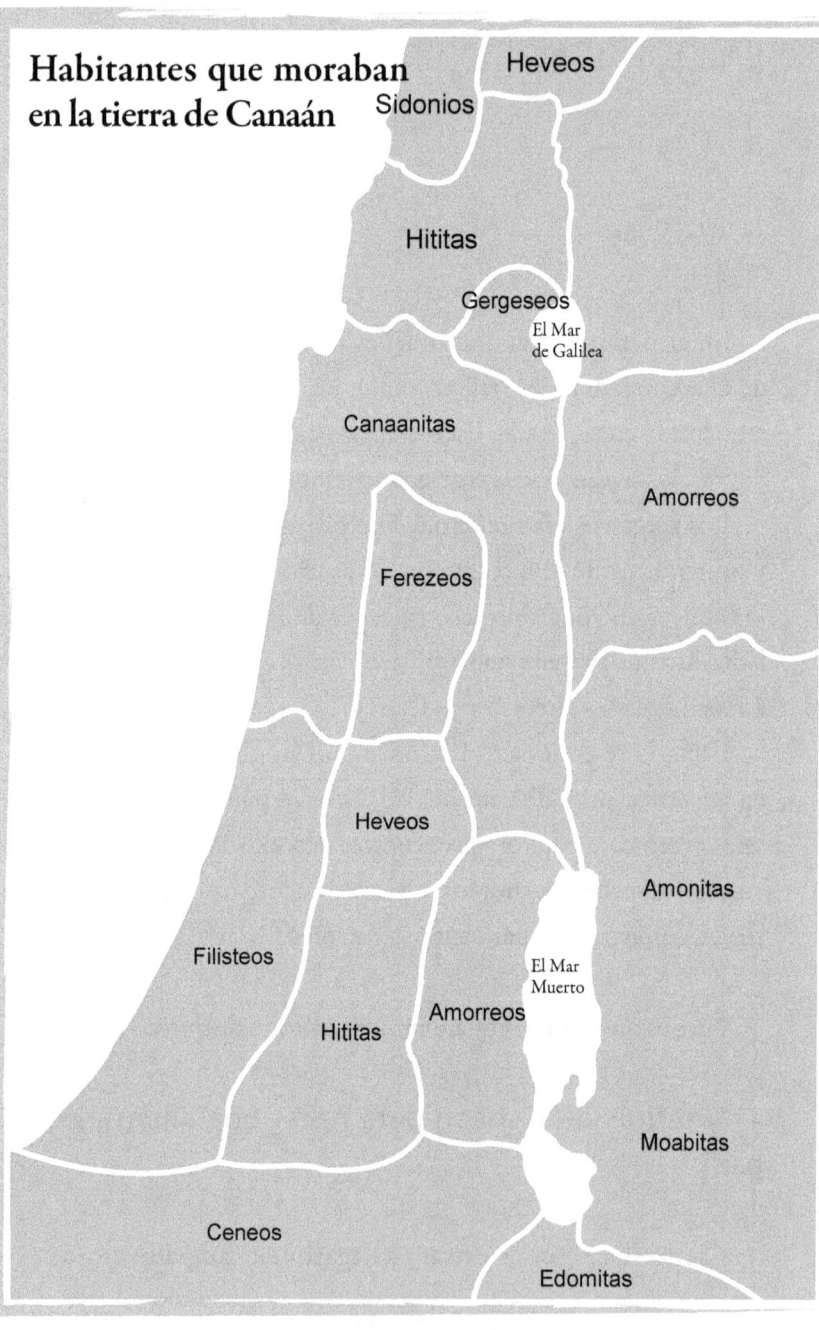

# Habitantes que moraban
# en la tierra de Canaán

Heveos

Sidonios

Hititas

Gergeseos

El Mar
de Galilea

Canaanitas

Amorreos

Ferezeos

Heveos

Amonitas

Filisteos

El Mar
Muerto

Hititas

Amorreos

Moabitas

Ceneos

Edomitas

Israel con el propósito de establecer una alianza de paz con ellos. Los israelitas fueron cautelosos de ellos, y les hicieron una pregunta:

*"Y los de Israel respondieron a los heveos: Quizá habitáis en medio de nosotros. ¿Cómo, pues, podremos hacer alianza con vosotros?"* (Josué 9:7)

Dijeron que provenían de un país lejano y que deseaban hacer una alianza de paz ya que habían escuchado de la fama del Señor Dios, lo que Él había hecho en Egipto y cómo había permitido que los israelitas conquistaran algunos de los pueblos de Canaán. Los heveos que moraban en Gabaón escogieron engañar a Israel y asegurar una alianza de paz en lugar de luchar contra ellos.

En ese entonces, los heveos vivían en dos áreas: una cerca del monte Hermón al norte y la otra en Gabaón, en el centro de la tierra de Canaán. Los heveos que llegaron para hacer la alianza de paz eran de Gabaón. Por esta razón la Biblia a veces se refiere a los heveos como 'pueblo de Gabaón'.

En realidad Dios ordenó al pueblo de Israel que no hiciera ninguna alianza con los pueblos en Canaán ni que les mostraran misericordia.

*"Cuando Jehová tu Dios te haya introducido en la tierra en la cual entrarás para tomarla, y haya*

*echado de delante de ti a muchas naciones, al heteo,
al gergeseo, al amorreo, al cananeo, al ferezeo, al
heveo y al jebuseo, siete naciones mayores y más
poderosas que tú, y Jehová tu Dios las haya entregado
delante de ti, y las hayas derrotado, las destruirás del
todo; no harás con ellas alianza, ni tendrás de ellas
misericordia"* (Deuteronomio 7:1-2).

La razón por la que Dios les dijo que no hicieran ninguna alianza con el pueblo de Canaán se debió al temor de que ellos también pudieran mancharse por el pecado que prevalecía en Canaán. Como mencioné antes, en Canaán y las tierras vecinas la gente quemaba sin misericordia a sus propios hijos en sacrificio a otros dioses y fornicaban.

Pero si pueblos muy distantes de Canaán deseaban tener paz con Israel y servirle, Dios dijo que sí podían tener paz con ellos.

No obstante, estos pueblos que habían venido a ver a Josué dijeron que habían venido de una tierra muy lejana, el pan que llevaban estaba seco y mohoso, sus ropas, zapatos y cueros de vino eran viejos.

*"Este nuestro pan lo tomamos caliente de nuestras
casas para el camino el día que salimos para venir a
vosotros; y helo aquí ahora ya seco y mohoso. Estos
cueros de vino también los llenamos nuevos; helos aquí
ya rotos; también estos nuestros vestidos y nuestros
zapatos están ya viejos a causa de lo muy largo del*

*camino"* (Josué 9:12-13).

Entonces Josué hizo alianza de paz con ellos sin consultarle a Dios o examinar cuidadosamente el caso.

*"Y los hombres de Israel tomaron de las provisiones de ellos, y no consultaron a Jehová. Y Josué hizo paz con ellos, y celebró con ellos alianza concediéndoles la vida; y también lo juraron los príncipes de la congregación"* (Josué 9:14-15).

Otra vez cometieron un error similar al del ataque a Hai. Decidieron qué debían hacer con solo escuchar los reportes de los exploradores, sin consultar la voluntad de Dios.

Gabaón no estaba lejos del campamento de Israel en Gilgal. El pan seco y las ropas viejas eran parte de una mentira. Tres días después los israelitas llegaron a saber la verdad; estas personas eran los heveos que moraban en Gabaón. Pero, esto ocurrió después de haber hecho una alianza con ellos.

La consecuencia fue que tenían que dar a los heveos las tierras de Gabaón, que se supone habían conquistado. Aunque fueron engañados por aquellas personas, ya que hicieron un juramento ante Dios, no podían dar marcha atrás.

*"¿Por qué nos habéis engañado, diciendo: Habitamos muy lejos de vosotros, siendo así que moráis en medio de nosotros?"* (Josué 9:22)

*"Y ellos respondieron a Josué y dijeron: Como fue dado a entender a tus siervos que Jehová tu Dios había mandado a Moisés su siervo que os había de dar toda la tierra, y que había de destruir a todos los moradores de la tierra delante de vosotros, por esto temimos en gran manera por nuestras vidas a causa de vosotros, e hicimos esto"* (Josué 9:24).

Ya que Israel había hecho un juramento ante Dios, los dejaron vivir. Sin embargo, Josué los destinó aquel día a ser leñadores y aguadores para la congregación, y para el altar de Jehová (Josué 9:27).

Algunos dicen que Israel pudo haber proclamado que la alianza era nula ya que el pueblo de Gabaón los había engañado, pero cualquier tipo de juramento hecho ante Dios debía guardarse ante cualquier circunstancia.

Lo mismo sucede cuando hacemos una promesa a alguien; aunque esa promesa no nos sea de beneficio o nos cause daño, debemos cumplirla. Aunque la otra persona nos haya engañado, somos nosotros los que nos permitimos ser engañados, lo que significa que jamás debemos romper una promesa.

## Lecciones a aprender del incidente con Gabaón

Por medio del incidente en Gabaón debemos comprender cuán importante es que cualquier cosa que hagamos sea primero comprendiendo la voluntad de Dios y luego siguiéndola. Aunque no fue intencional, como una consecuencia de haber hecho una alianza con el pueblo de Gabaón, Israel quebrantó la orden de Dios que les mandaba no hacer alianzas con el pueblo de Canaán. Si ellos tan solo hubieran pedido el consejo de Dios, no habrían caído en este tipo de error.

En nuestras vidas, en los negocios o en los acuerdos contractuales, algunas personas quizás traten de engañarnos. No obstante, en casos como este no podemos dejar que simplemente nos engañen porque la Biblia dice que 'busquemos el beneficio de los demás' (1 Corintios 10:24).

Buscar el beneficio y las ventajas para los demás con bondad es una cosa, pero permitir a los demás tener un beneficio al aceptar ser engañados es algo completamente distinto. Si tan solo vemos los hechos que parecen obvios, quizás no entendamos las malas intenciones de otras personas y seamos engañados y estafados. Asimismo, si tan solo pensamos en el gran beneficio que obtendremos, nos inclinaremos a creer las mentiras de los demás.

Por consiguiente, lo importante es discernir la voluntad de Dios al pedir Su consejo a través de las oraciones fervientes. Si tenemos tan solo bondad en el corazón y no codicia, entonces podremos recibir la guía del Espíritu Santo. De este modo obtendremos la sabiduría de Dios y aun cuando otra persona intente engañarnos, el Espíritu Santo permitirá que lo entendamos y nos enseñará la manera de evitarlo.

Luego debemos comprender cuán importantes son las palabras que salen de nuestra boca.

Por causa del incidente con Gabaón, varios años después de haber hecho la alianza con ellos, Israel tuvo que enfrentar un desastre. Hubo una escasez que duró por tres años, y David oró al respecto. Dios dijo que ocurrió eso porque los israelitas quebrantaron la alianza que habían hecho con el pueblo de Gabaón.

Es decir, Saúl, el primer rey de Israel, trató de destruir a todo el pueblo de Gabaón, quebrantando así la alianza que Josué había hecho con ellos. En consecuencia, hubo escasez en todo Israel. Finalmente la escasez terminó luego de haber sido causa de muerte de siete descendientes de Saúl, según lo que pidió el pueblo de Gabaón.

En Jueces 11, hay otra persona que se causó a sí mismo una gran agonía con las palabras de su boca. Esta fue Jefté. Cuando estaba a punto de luchar contra los hijos de Amón, hizo a Dios el voto de ofrecer como holocausto a la primera persona que saliera a recibirlo cuando regresara a casa, si Dios le daba la victoria.

Dios no acepta una persona como holocausto, ni tampoco le dijo Él a Jefté que ofreciera un holocausto, pero antes de la gran batalla Jefté hizo este voto y finalmente obtuvo la victoria contra los hijos de Amón.

Cuando regresó a su casa tras la victoria, su única hija fue la primera en salir a recibirlo; ella salió a recibir a su padre con panderos y danzas.

Jefté dijo: *"¡Ay, hija mía! en verdad me has abatido, y tú misma has venido a ser causa de mi dolor; porque le he dado palabra a Jehová, y no podré retractarme"* (Jueces 11:35). No solo su hija, sino ninguna persona, desea morir de esa manera. Pero Jefté hizo un voto a la ligera, el de sacrificar una vida humana tan solo para obtener lo que deseaba, y por causa de ello, tuvo que ofrecer a su única hija en holocausto.

Si él no hubiera cumplido su voto de dar a su hija en holocausto, habría sido entregado a mayores dificultades y situaciones más duras que perder a una hija a través de las acusaciones de Satanás. El poder de la palabra es así de grande; incluso la muerte y la vida están en el poder de la lengua (Proverbios 18:21).

Siempre debemos ser cuidadosos con nuestras palabras para que no digamos nada que pueda causar que Satanás presente acusaciones contra nosotros. Debemos despojarnos de toda palabra ociosa, como son los votos a la ligera, palabras de queja, de resentimiento, negativas o de juicio y condenación. Hablemos solo palabras de verdad y bondad para agradar a Dios.

### Batallas en la parte sur de Canaán

Gabaón era una gran ciudad, como una de las ciudades reales, y todos sus hombres eran valientes. Fue la ciudad de Gabaón la que hizo una alianza de paz con Israel tan solo para sobrevivir. Estas noticias impactaron a los demás pueblos en Canaán y les hicieron temblar. Además, ya que no había

# Josué conquista Canaán

Sidón

Damasco

Monte Hermón

Sarepta

Tiro

Dan

Merom

Hazor

Astarot

El Gran Mar
(El Mar Mediterráneo)

Acsaf

El Mar
de Galilea

Simrón

Monte Carmelo

Endor

Edri

Dor

Megido

Ramot-galaad

Jezreel

Dothan

Monte Ebal

Sucot

Siquem

Monte Gerizim

Amón

Betel

Bet-horón

Ai

Jericó

Gat

Gabaón

Gilgal

Sidim

Ecrón

Jerusalém

Hesbón

Belén

Monte Nebo

Libna

Azeca

Laquis

Gaza

Hebrón

El Mar
Muerto

Aroer

Debir

Moab

Edom

oposición en el área de Gabaón, el ejército de Israel pudo avanzar con mayor rapidez.

Así que, los cinco reyes de los amorreos que habitaban alrededor de Gabaón formaron un grupo y atacaron a Gabaón porque a sus ojos era como un pueblo traidor. Ya que el pueblo de Gabaón no podía vencer a las fuerzas aliadas, pidieron la ayuda de Israel.

*"No niegues ayuda a tus siervos; sube prontamente a nosotros para defendernos y ayudarnos; porque todos los reyes de los amorreos que habitan en las montañas se han unido contra nosotros"* (Josué 10:6).

Como algunos dicen, "la crisis de uno es una oportunidad para otro", las fuerzas aliadas de los amorreos podían ser un gran problema para Israel, pero a la vez podían ser una gran oportunidad. Atacar las ciudades en Canaán una por una habría tomado un largo tiempo, pero si destruían a las fuerzas aliadas, podrían vencer a muchas ciudades a la vez.

*"Y Jehová dijo a Josué: No tengas temor de ellos; porque yo los he entregado en tu mano, y ninguno de ellos prevalecerá delante de ti"* (Josué 10:8).

Cuando Gabaón pidió ayuda, Dios dijo que Él estaba con Israel, así que se movilizaron rápidamente durante la noche y lanzaron un ataque sorpresa contra los reyes amorreos. Las fuerzas aliadas de los amorreos fueron incapaces de tomar represalias y fueron derrotados. Comenzaron a huir e Israel los persiguió.

En este momento, Dios hizo algo increíble por los israelitas. Mientras los amorreos huían de Gabaón y al estar en la bajada de Bet-horón, grandes piedras de granizo comenzaron a caer sobre ellos desde el cielo.

Cuando estas cosas caen del cielo tienen la fuerza de aceleración, y aunque son grandes, tienen poca resistencia de fricción y poseen gran poder destructivo, no solo para arrebatar la vida de las personas, sino que pueden también destruir edificios.

*"Y mientras iban huyendo de los israelitas, a la bajada de Bet-horón, Jehová arrojó desde el cielo grandes piedras sobre ellos hasta Azeca, y murieron; y fueron más los que murieron por las piedras del granizo, que los que los hijos de Israel mataron a espada"* (Josué 10:11).

Esto por sí mismo es algo realmente sorprendente, pero no podían quedarse tan solo parados por el asombro sino que debían perseguir a la fuerza enemiga restante. Si llegaba la noche les iba a ser fácil ocultarse, por lo que debían terminar rápido la batalla mientras el sol aún brillaba.

## El milagro de la detención del sol y la luna

Era casi de noche, y se podía ver la luna en el cielo del este.

En ese momento, Josué mostró gran fe para cumplir la orden de Dios.

*"Entonces Josué habló a Jehová el día en que Jehová entregó al amorreo delante de los hijos de Israel, y dijo en presencia de los israelitas: Sol, detente en Gabaón; Y tú, luna, en el valle de Ajalón"* (Josué 10:12).

¿Qué rey de este mundo puede controlar el sol y la luna? En lugar de dar órdenes al sol y la luna, los amorreos en realidad estaban sirviendo a los astros como sus dioses y los adoraban.

Por otro lado, con su confianza en Dios quien controla todo, Josué ordenó al sol y a la luna en el cielo que se detuvieran, y Dios garantizó su palabra.

*"Y el sol se detuvo y la luna se paró, hasta que la gente se hubo vengado de sus enemigos. ¿No está escrito esto en el libro de Jaser? Y el sol se paró en medio del cielo, y no se apresuró a ponerse casi un día entero"* (Josué 10:13).

Con el conocimiento humano ordinario es imposible que el sol y la luna se detengan, pero no hay nada imposible para el poder de Dios Todopoderoso.

Jesús dijo a Sus discípulos en Mateo 17:20: *"Por vuestra poca fe; porque de cierto os digo, que si tuviereis fe como un grano de mostaza, diréis a este monte: Pásate de aquí allá, y se pasará; y nada os será imposible ".*

Claro está que Dios no mueve simplemente una montaña o detiene el sol y la luna cuando Él así lo siente; Él no puede romper las leyes naturales y el orden del universo que corre en perfecta armonía a través de Su creación.

Pero si es necesario para cumplir el plan de Dios, y si los hijos de Dios demuestran fe espiritual, Él puede hacer incluso cosas más grandes que detener el sol y la luna.

Respecto a esta batalla, en Josué 10:14 leemos: *"Y no hubo día como aquel, ni antes ni después de él, habiendo atendido Jehová a la voz de un hombre; porque Jehová peleaba por Israel ".*

Josué e Israel conquistaron rápidamente Maceda, Libna, Laquis, Eglón, Hebrón y Debir, las cuales estaban en la parte sur de Canaán.

*"Y los hirió Josué desde Cades-barnea hasta Gaza, y toda la tierra de Gosén hasta Gabaón. Todos estos reyes y sus tierras los tomó Josué de una vez; porque Jehová el Dios de Israel peleaba por Israel "* (Josué 10:41-42).

Cuando Josué usó sus propios pensamientos y puso en práctica sus propias teorías, fue engañado y cometió errores. Pero cuando buscó el consejo de Dios y obedeció Su voluntad, él incluso pudo manifestar la sorprendente obra de detener el sol y la luna.

Asimismo, si nosotros también alzamos nuestra mirada tan solo al Dios Todopoderoso y marchamos con fe y con confesiones de fe positivas, podemos ser guiados a la prosperidad. Como prometió Jesús en Marcos 9:23: *"Si puedes creer, al que cree todo le es posible"*, obras inimaginables de Dios pueden tomar lugar a través de nosotros.

Anhelo que usted se equipe a sí mismo con la oración y la Palabra para discernir la voluntad de Dios y obedecerla para que siempre pueda glorificar a Dios en su vida.

# Capítulo 10

# "Dame, pues, ahora este monte"

- Devoción de Caleb -

## Josué 14:10-12

"Ahora bien, Jehová me ha hecho vivir, como él dijo, estos cuarenta y cinco años, desde el tiempo que Jehová habló estas palabras a Moisés, cuando Israel andaba por el desierto; y ahora, he aquí, hoy soy de edad de ochenta y cinco años. Todavía estoy tan fuerte como el día que Moisés me envió; cual era mi fuerza entonces, tal es ahora mi fuerza para la guerra, y para salir y para entrar. Dame, pues, ahora este monte, del cual habló Jehová aquel día; porque tú oíste en aquel día que los anaceos están allí, y que hay ciudades grandes y fortificadas. Quizá Jehová estará conmigo, y los echaré, como Jehová ha dicho".

En el proceso de atravesar tantas cosas variadas, Josué y los hijos de Israel incrementaron su fe y continuaron la conquista de la tierra de Canaán. Tras las batallas en la parte central, incluyendo Jericó, derrotaron a las fuerzas aliadas de los reyes en la parte sur, pero todavía debían prepararse para más batallas. Las noticias de que Israel había conquistado la parte sur de Canaán gracias al poder de Dios se difundieron rápidamente entre los pueblos del norte. ¡Cuán sorprendidos deben haber estado los cananeos!

Ahora sentían una gran necesidad entre ellos de unificarse y levantarse contra Israel. Entre los líderes estaba Jabín, el rey de Hazor, que era una de las ciudades más fuertes. El rey envió sus mensajeros a los países vecinos y formaron una fuerza aliada contra Israel.

## Batallas en la parte norte de Canaán

Jobab rey de Madón, el rey de Simrón, el rey de Acsaf, los reyes que estaban en la región del norte en las montañas, y en el Arabá al sur de Cineret, en los llanos, y en las regiones de Dor al occidente; el cananeo que estaba al oriente y al occidente, el amorreo, el heteo, al ferezeo, al jebuseo en las montañas, y el heveo al pie de Hermón en tierra de Mizpa formaron una fuerza aliada (Josué 11:1-3).

Cuando todos ellos salieron con sus ejércitos, eran tantos como la arena de la playa. Había también muchos caballos y carros. La nación de Israel había vagado en el desierto por un largo tiempo y para entonces también había peleado muchas batallas. Tenían que levantarse solos contra las fuerzas aliadas. Quizás se habrían sentido desalentados y temerosos si confiaban en sus soldados y fuerzas.

Pero esta vez también, Dios les prometió la victoria y alentó a Josué.

*"Mas Jehová dijo a Josué: No tengas temor de ellos, porque mañana a esta hora yo entregaré a todos ellos muertos delante de Israel; desjarretarás sus caballos, y sus carros quemarás a fuego"* (Josué 11:6).

Al contar con la promesa de la victoria, Josué y el ejército de la nación de Israel lanzaron un ataque sorpresa sin vacilar, tan pronto como recibieron la palabra de Dios. Si Israel hubiera dudado al ver la realidad, no habrían logrado avanzar con tanta valentía.

Las fuerzas aliadas habían acampado cerca del agua, y aunque pensaban que creían en el poder militar, entraron en gran confusión. A pesar de que Israel estaba en inferioridad numérica, el ejército aliado no era rival para los hijos de Israel porque Dios estaba con ellos. Israel derrotó a todo el ejército aliado de los cananeos de una sola vez y no dejó ningún sobreviviente. Tal como Dios lo había ordenado, 'desjarretaron sus caballos y sus carros quemaron a fuego'.

Asimismo, quemaron la gran ciudad de Hazor, la que funcionaba como un centro de comando unificado para las fuerzas aliadas. Esto fue para hacerles saber que se trataba del castigo de Dios. Luego ellos conquistaron también otras ciudades, una por una y así terminaron otra gran batalla.

Continuando con las victorias en las partes central y sur de la tierra de Canaán, se fueron a la conquista del norte, que era el final de un capítulo importante de la conquista de Canaán. Este fue el momento en el que Israel tomó la tierra de Canaán que Dios les había prometido.

*"Tomó, pues, Josué toda la tierra, conforme a todo lo que Jehová había dicho a Moisés; y la entregó Josué a los israelitas por herencia conforme a su distribución según sus tribus; y la tierra descansó de la guerra"* (Josué 11:23).

## El cumplimiento de la promesa de Dios para la tierra de Canaán

Se requirió mucho tiempo para que llegara este día. Dios le prometió a Abraham que le daría la tierra de Canaán. No obstante, pasaron cientos de años hasta que finalmente, en el tiempo de Moisés, una visión del cumplimiento de la promesa se hizo visible. Incluso después del Éxodo, hubo cuarenta años de vida en el desierto y más de siete años de guerra bajo el mando de Josué antes de que se cumpliera la promesa.

Dios les prometió que les daría la tierra en la que fluía leche y miel, pero había una condición. Solamente los que creían y obedecían podían recibir las bendiciones de la promesa de Dios.

Por ejemplo, en Éxodo 15:26 leemos: *"...y dijo [Dios]: Si oyeres atentamente la voz de Jehová tu Dios, e hicieres lo recto delante de sus ojos, y dieres oído a sus mandamientos, y guardares todos sus estatutos, ninguna enfermedad de las que envié a los egipcios te enviaré a ti; porque yo soy Jehová tu sanador"*.

Debemos prestar sincera atención a la voz del Señor Dios, hacer lo correcto ante Sus ojos, dar oído a Sus mandamientos y guardar todos Sus estatutos para que no nos afecten las enfermedades en absoluto. Una persona debe alcanzar la medida de fe de estas condiciones para que se cumpla la promesa de Dios.

Para que los hijos de Israel pudieran entrar en la tierra de Canaán, también tenían que ser fieles, y para que ellos pudieran alcanzar y guardar estas condiciones, Dios les mostró numerosas señales y prodigios.

Sin embargo, la primera generación del Éxodo no tuvo fe, por lo que todos murieron en el desierto, excepto por Josué y Caleb, y el cumplimiento de la promesa de Dios tuvo que posponerse.

Por otro lado, la segunda generación del Éxodo era diferente. Ellos tenían fe certera en Dios y le obedecían junto a Josué. Finalmente pudieron tomar la 'tierra donde fluye leche y miel'.

*"De la manera que Jehová lo había mandado a Moisés su siervo, así Moisés lo mandó a Josué; y así Josué lo hizo, sin quitar palabra de todo lo que Jehová había mandado a Moisés"* (Josué 11:15).

Josué fue el sucesor de Moisés; él mostró absoluta confianza en Dios y completa obediencia a Él. Asimismo, los hijos de Israel siguieron a Josué para que la promesa de Dios pudiera cumplirse.

## Conquista de la tierra por cada tribu

La conquista de la tierra de Canaán no significaba que ahí terminaba su trabajo. Israel tomó la tierra de Canaán en general, pero no todos los pueblos que vivían en la tierra fueron destruidos. Todavía necesitaban alejar a algunos pueblos en diversas partes de la tierra, y tenían que establecerse para hacer que la tierra fuera completamente suya.

Cuando analizamos la historia, la conquista de otro país físicamente no significaba que todas las batallas habían terminado por completo y que había paz, pues muchas veces todavía quedan personas en diversos rincones quienes tratan de recuperar su tierra.

Josué ya estaba viejo y todavía había mucha tierra que tomar, y Dios hizo el curso de las batallas completamente diferente.

Dios le ordenó que distribuyera la tierra a todas las tribus de Israel, no solo las partes ya conquistadas sino también las otras partes que aún faltaban por conquistar. Hasta ahora, todas las tribus de Israel pelearon unidas las batallas, pero a partir de ese entonces, cada tribu de Israel debía conquistar la tierra que le era dada a cada una.

Por tanto, la tarea de tomar el control de su tierra dependía ahora de la fe de cada tribu de Israel por individual. Los resultados serían distintos de acuerdo a cuánta fe espiritual mostraban y cuánto obedecían la voluntad de Dios.

Y en este momento, una persona se levantó y pidió su derecho preferente a todas las otras tribus; este era Caleb, hijo de Jefone.

## La fe y devoción de Caleb

Después de escapar de Egipto, los israelitas enviaron doce espías a explorar la tierra de Canaán en Cades-barnea, pero solo dos de ellos dieron reportes positivos de fe.

La primera generación del Éxodo había sido testigo de muchas obras asombrosas del poder de Dios, pero por causa de algunos reportes negativos de parte de diez espías, se quejaron contra Dios. Todos murieron en el desierto y solo dos hombres lograron entrar en la tierra prometida.

Uno de ellos era Josué, el líder de la segunda generación del Éxodo, y el otro era Caleb.

*"Pero a mi siervo Caleb, por cuanto hubo en él otro espíritu, y decidió ir en pos de mí, yo le meteré en la tierra donde entró, y su descendencia la tendrá en posesión"* (Números 14:24).

Caleb jamás olvidó la promesa de Dios que se le había dado mientras atravesaba los cuarenta años en el desierto junto a todos los hijos de Israel. No olvidó ni siquiera mientras peleaban las muchas batallas en Canaán durante siete años.

Uno puede olvidar algunas promesas con el pasar de los años, pero Caleb jamás olvidó la promesa que se le hizo a él y por más de cuarenta años se mantuvo orando por ella.

Cuando llegó el momento de distribuir la tierra de Canaán, él mencionó la promesa que Dios le había hecho a él y le pidió a Josué que le diera la tierra.

Lo que Caleb pidió no fue porque él deseaba obtener algo al mencionar todo lo que había hecho bien; él no estaba diciendo que merecía recibir algo porque había sido uno de los líderes de Israel junto a Josué, y debido a todas las cosas loables que había hecho en las batallas que peleó.

Era más bien una confesiones de su fe que se había hecho más firme durante el curso de los cuarenta años de prueba. Fue una expresión de su devoción; él se daría a sí mismo primero.

La cueva de Macpela donde se había enterrado a Abraham, Sara, Isaac y Jacob estaba en la tierra de Hebrón que él pidió recibir. Este era un lugar muy importante para ellos. Además era la tierra a la que los doce espías de Israel habían ido, y también estaba todavía ocupada por los anaceos y debían luchar para tomarla.

Los anaceos eran un pueblo muy fuerte. Estos son aquellos que los espías describieron diciendo: "También vimos allí gigantes, hijos de Anac, raza de los gigantes, y éramos nosotros, a nuestro parecer, como langostas; y así les parecíamos a ellos" (Números 13:33). Caleb no pidió una tierra que ya estaba conquistada y segura, sino que pidió la tierra de Hebrón que Dios había prometido que le daría, aunque una vez más debía pasar por difíciles batallas para tomarla.

*"Ahora bien, Jehová me ha hecho vivir, como él dijo, estos cuarenta y cinco años, desde el tiempo que Jehová habló estas palabras a Moisés, cuando Israel andaba por el desierto; y ahora, he aquí, hoy soy de edad de ochenta y cinco años. Todavía estoy tan fuerte como el día que Moisés me envió; cual era mi fuerza entonces, tal es ahora mi fuerza para la guerra, y para salir y para entrar. Dame, pues, ahora este monte, del cual habló Jehová aquel día; porque tú oíste en aquel día que los anaceos están allí, y que hay ciudades grandes y fortificadas. Quizá Jehová estará conmigo, y los echaré, como Jehová ha dicho"* (Josué 14:10-12).

Cuando él fue elegido como uno de los exploradores y se paró en la tierra bendecida con grandes racimos de uvas, higos y granadas que la cubrían, debió haber tenido un sentir diferente a los demás. Así también, no pudo contener su indignación justa cuando vio que los demás espías daban reportes negativos en Cades-barnea, por lo que dijo: "¿Por qué se oponen a Dios? ¡Él está con nosotros!" y clamó rompiendo sus vestidos, aunque su clamor no se escuchó por causa de las quejas del pueblo.

Tuvo que atravesar el largo período de sufrimiento por causa de la gente que desobedeció a Dios, pero a lo largo de ese tiempo guardó en su corazón las imágenes de la tierra en la que fluía leche y miel. Ahora estaba ya anciano, pero guardó la promesa de Dios en su corazón a lo largo de los cuarenta años. Es por eso que deseaba tomar la tierra de Hebrón, la que tenía paisajes montañosos y era difícil de conquistar, para aliviar la carga de Josué.

¿Qué habrá sentido Josué en ese momento? Caleb era su mejor compañero y amigo en la fe; habían estado juntos desde el Éxodo. Además él era uno de los ancianos de Israel ahora, y merecía ser respetado y recompensado. Así que, cuando Josué escuchó que Caleb deseaba ir al área montañosa donde ni siquiera los jóvenes guerreros querían ir, seguramente habrá tenido dudas respecto a dejarlo ir.

No obstante, por otro lado, la actitud de Caleb debió conmoverle; trataba de que se cumpliera la palabra de Dios al tomar su porción. Josué entendía a Caleb mejor que nadie, y tal como Dios lo había prometido, le dio la tierra de Hebrón. Caleb derrotó a los grandes anaceos y tomó la tierra fértil como su porción que duraría por el resto de sus generaciones. De este modo él mostró un ejemplo de fe ante el pueblo de Israel. La distribución de la tierra comenzó de este modo, empezando por Caleb.

# Capítulo 11

# "Lo poseerás"

## - Distribución de la tierra de Canaán -

## Josué 17:15-18

ை௸௸

"Y Josué les respondió: Si sois pueblo tan grande, subid al bosque, y haceos desmontes allí en la tierra de los ferezeos y de los refaítas, ya que el monte de Efraín es estrecho para vosotros. Y los hijos de José dijeron: No nos bastará a nosotros este monte; y todos los cananeos que habitan la tierra de la llanura, tienen carros herrados; los que están en Bet-seán y en sus aldeas, y los que están en el valle de Jezreel. Entonces Josué respondió a la casa de José, a Efraín y a Manasés, diciendo: Tú eres gran pueblo, y tienes grande poder; no tendrás una sola parte, sino que aquel monte será tuyo; pues aunque es bosque, tú lo desmontarás y lo poseerás hasta sus límites más lejanos; porque tú arrojarás al cananeo, aunque tenga carros herrados, y aunque sea fuerte".

Para los israelitas, la distribución de las adjudicaciones de las tierras de su herencia tuvo un significado muy importante. Sufrieron de esclavitud durante 400 años en Egipto, dando vueltas en el desierto durante cuarenta años, y luego pasaron siete años de guerras difíciles. Después de todo esto, ellos recibieron el fruto de su esfuerzo. En aquel momento estaban recibiendo una tierra donde podían vivir en paz con sus familias.

## Excepciones en la distribución de la herencia

Cada tribu de Israel se presentó delante de Dios y recibió la tierra en el oeste del Río Jordán como su herencia, con unas pocas excepciones.

Primeramente, Rubén, Gad y la mitad de Manasés ya habían recibido su herencia antes de cruzar el Jordán. Las tierras que se encontraban al este del Jordán eran adecuadas para hacer acrecentar el ganado, por ello le pidieron a Moisés que les diera esas tierras.

Por supuesto, ellos prometieron que participarían en la

conquista del resto de la tierra de Canaán en las tierras al oeste del Jordán. Ellos hicieron el juramento de que lucharían en la línea de frente y que no volverían a sus casas hasta que todas las tribus de Israel hubieran recibido sus herencias.

*Los hijos de Gad y los hijos de Rubén dijeron: "Por tanto, dijeron, si hallamos gracia en tus ojos, dése esta tierra a tus siervos en heredad, y no nos hagas pasar el Jordán"* (Números 32:5).

*"Y nosotros nos armaremos, e iremos con diligencia delante de los hijos de Israel, hasta que los metamos en su lugar; y nuestros niños quedarán en ciudades fortificadas a causa de los moradores del país. No volveremos a nuestras casas hasta que los hijos de Israel posean cada uno su heredad"* (Números 32:17-18).

Al dejar a sus familias, ganados y posesiones al este del Jordán, los hombres que podían pelear en la guerra cruzaron el Jordán y batallaron en frente de la guerra con los hijos de Israel hasta que la batalla hubo terminado. Cuando esta acabó, pudieron retornar a su tierra de herencia en la tierra al este del Jordán.

Además, entre las doce tribus, los Levitas no recibieron ninguna herencia de la tierra ya que ellos eran sacerdotes de Dios. No obstante, la tribu de José fue más próspera que las demás tribus debido a las bendiciones de Dios, y los dos hijos descendientes de José, Efraín y Manasés, recibieron individualmente sus respectivas herencias.

En conclusión, los Levitas estuvieron excluidos, dos y media de las tribus recibieron su herencia en la tierra al este del Jordán, y nueve y media de las tribus recibieron su herencia al oeste del Jordán. Acerca del método de asignar y distribuir la tierra, Dios ya le había dado los principios a Moisés.

*"A los más darás mayor heredad, y a los menos menor; y a cada uno se le dará su heredad conforme a sus contados. Pero la tierra será repartida por suerte; y por los nombres de las tribus de sus padres heredarán"* (Números 26:54-55).

El área de tierra dada a cada tribu era decidida por el número de personas, pero tenían que decidir qué parte de la tierra sería dada por suerte. Este fue el método más justo para que ninguna tribu tuviera conflicto. Al echar suerte ellos tenían la misma probabilidad de recibir buena tierra.

Además, los hijos de Israel tenían fe de que los resultados de echar suerte no eran mera coincidencia, sino la voluntad de Dios (Proverbios 16:33). Cuando Acán cometió pecado, echaron suertes y así supieron que había sido él entre más de dos millones de personas.

# Distribución de la tierra entre las doce tribus

Aser

Manasés

Neftalí

El Mar de Galilea

Zabulón

Isacar

Manasés

Gad

Efraím

Dan

Benjamín

Rubén

Judá

El Mar Muerto

Simeón

## Quejas y palabras de incredulidad de la tribu de José

No obstante, surgió un problema mientras estaban distribuyendo la tierra mientras echaban suerte. La tribu de José demandaba que ellos deberían haber recibido mayor herencia que las demás tribus debido a que ellos se habían convertido en dos tribus mediante la bendición de Dios.

*"Y los hijos de José hablaron a Josué, diciendo: ¿Por qué nos has dado por heredad una sola suerte y una sola parte, siendo nosotros un pueblo tan grande, y que Jehová nos ha bendecido hasta ahora?"* (Josué 17:14)

De hecho la herencia dada a ellos no era pequeña comparada con las demás tribus. Era una amplia expansión de tierra fértil en la parte central de Canaán. No obstante, se quejaban de que ellos debían recibir más herencia de la que recibieron.

Josué les dijo: *"Si sois pueblo tan grande, subid al bosque, y haceos desmontes allí en la tierra de los ferezeos y de los refaítas, ya que el monte de Efraín es estrecho para vosotros"* (Josué 17:15). Esencialmente les dijo que si no tenían suficiente área para cultivar, ellos mismos tenían que hacer desmonte para agrandar el área.

Pero una vez más, los hijos de José no quisieron obedecer.

Ellos decían que a pesar de que hubieran desmontado el bosque, su herencia aún era insuficiente para ellos; demandaban más de mejores tierras. Ellos querían obtener algo bueno sin tener que trabajar para obtenerlo. Además querían ser servidos ya que eran una tribu mucho más grande.

Ya que ellos habían sido bendecidos por Dios para llegar a ser una gran tribu, se suponía que debían conducir a las otras tribus, como Caleb había hecho, para conquistar y subyugar las tierras que eran difíciles de conquistar. No obstante, a pesar de todo, ellos simplemente se quejaron sin tomar la iniciativa de hacer algo.

*"Y los hijos de José dijeron: No nos bastará a nosotros este monte; y todos los cananeos que habitan la tierra de la llanura, tienen carros herrados; los que están en Bet-seán y en sus aldeas, y los que están en el valle de Jezreel"* (Josué 17:16).

Además hicieron una profesión de su falta de fe diciendo que la gente que vive en la tierra que tenían que conquistar tenían carros de hierro. Ellos ya se habían olvidado por qué tuvieron que atravesar la prueba en el desierto durante cuarenta años.

Sus conquistas bajo el liderazgo de Josué fueron una serie de milagros. Ellos nunca pudieron estar físicamente a la altura de sus enemigos, sin embargo los vencieron gracias al poder de Dios. No tenían que tener miedo en absoluto, no solo de los carros de acero sino de cualquier tipo de armas que tuvieran sus enemigos, si es que creían en el Dios Todopoderoso.

Ellos habían sido obedientes en todo tipo de situaciones peligrosas, pero de repente tuvieron miedo cuando Josué les dijo que debían conquistar su herencia por sí solos. Josué siguió pidiéndoles que mostraran su fe mientras señalaba sus ideas erróneas. Les dijo que serían capaces de ampliar su herencia mediante la bendición de Dios si es que mostraban su fe.

Sin embargo, los hijos de José no obedecieron a las palabras de Josué. No estuvieron dispuestos a sacar completamente a los cananeos que vivían en la parte de su herencia (Josué 16:10, 17:12-13). Como resultado de ello, tuvieron que sufrir constantemente.

Cada vez que Israel se debilitaba, los gentiles pronto atacaban a Israel.

El mayor problema era que Israel estaba en contacto con la cultura de los gentiles la cual estaba prohibida por parte de Dios; y cometían pecados que causaban que la ira de Dios se levantara. Repetidamente causaban situaciones difíciles sobre sus propias vidas porque no obedecían los mandatos de Dios con fe firme.

El Dios Todopoderoso que estaba con Josué, no solo era el Dios de Josué, sino también el Dios de Israel. Solo si ellos mostraban su fe, Dios les podía mostrar el mismo tipo de obras que Él mostraba a través de Josué. Dios quería que todos los hijos de Israel tuvieran una fe valiente y fuerte como la de Josué.

## La herencia de Josué y los Levitas

Todas las demás tribus, a excepción de los Levitas, habían recibido la tierra como herencia, tanto al oeste como al este del Jordán, pero Josué aún no había recibido nada de su herencia. Él era un siervo poderoso de Dios y el líder de todo Israel, pero fue el último que recibió su herencia.

Especialmente, la herencia que él recibió estaba cerca de Timnat-sera, en el monte de Efraín. La tierra era tan desolada que tuvo que reconstruir nuevamente la ciudad (Josué 19:49-50).

Él era un hombre con fe valiente y fuerte, y se encontraba en una posición en la cual debía ser servido primero. Sin embargo, él sirvió a los demás e hizo concesiones en su lugar. Es por ello que él fue reconocido por Dios y llegó a ser el sucesor de Moisés.

Luego de que todas las tribus recibieron su herencia, los Levitas fueron donde Josué y recibieron su parte. Sin embargo, a diferencia de las demás tribus, no recibieron nada de tierra como herencia.

Números 18:20 dice: *"Y Jehová dijo a Aarón: De la tierra de ellos no tendrás heredad, ni entre ellos tendrás parte. Yo soy tu parte y tu heredad en medio de los hijos de Israel"*. Tal como se menciona, la herencia de los levitas era Dios mismo.

Los levitas tenían la responsabilidad de ofrecer el sacrificio a Dios y de mantener el tabernáculo del Señor. También tenían el deber de enseñar las ordenanzas y la Ley de Dios al pueblo (Deuteronomio 33:10).

Dios mismo se convirtió en su herencia, de esta manera, ellos no mancharían sus corazones con las cosas de este mundo, sino que se concentrarían en servirle a Dios. Es decir, en vez de haberles dado la tierra para obtener una cosecha de ella, Dios les permitió tener sus fuentes de ingreso a través de los diezmos y varias ofrendas que las personas entregaban a Dios.

En un sentido actual, los levitas son los pastores y los trabajadores que están a tiempo completo sirviendo a la iglesia. Incluso en la actualidad, como en el caso de las personas que trabajan en la iglesia, especialmente los pastores no pueden solo convertirse en pastores o renunciar cuando a ellos les plazca.

Todos los pastores son siervos de Dios y deben ofrecer sus vidas completas a Él. Por consiguiente, no deberían tener trabajos seculares o realizar negocios con deseos por las cosas del mundo. Sino que deben concentrarse en la obra de Dios, porque su única herencia es Dios mismo. Y para permitir que el pastor pueda hacer algo así, la iglesia y sus miembros deben apoyar a su pastor.

A pesar de que los levitas no recibieron tierra como parte

de su herencia, aun así recibieron varias ciudades en las cuales habitar y utilizaron la tierra para alimentar a su ganado. Recibieron ciudades entre cada tribu de Israel; de esta manera pudieron vivir entre todas las tribus de Israel.

Como resultado de ello, en cualquiera de las áreas asignadas en Israel, había una ciudad de los levitas. Esto significa que cada tribu podía escuchar la Palabra de Dios y aprender de los levitas que estaban cerca de cada uno de ellos. De esta manera, Dios había dispuesto para todas las personas de la nación de Israel que se mantuvieran cerca de los mandamientos de Dios en todo tiempo.

Capítulo 12

# "Pero yo y mi casa serviremos a Jehová"

- La última voluntad de Josué -

## Josué 24:14-15

❧

"Ahora, pues, temed a Jehová, y servidle con integridad y en verdad; y quitad de entre vosotros los dioses a los cuales sirvieron vuestros padres al otro lado del río, y en Egipto; y servid a Jehová. Y si mal os parece servir a Jehová, escogeos hoy a quién sirváis; si a los dioses a quienes sirvieron vuestros padres, cuando estuvieron al otro lado del río, o a los dioses de los amorreos en cuya tierra habitáis; pero yo y mi casa serviremos a Jehová".

Luego de siete años de guerra, Josué derrotó a todos los reyes de Canaán y conquistó muchas ciudades en dicha tierra, sin embargo no todos los cananeos fueron expulsados. Todavía había muchos cananeos esparcidos por la tierra, e incluso algunos de ellos intentaron oponerse con sus carros de hierro. Por supuesto, por el poder de Dios podían haber sido sacados inmediatamente, pero Dios guió a los israelitas a subyugar a Canaán paso a paso de acuerdo a cómo iba creciendo su fe y confianza en Él. Además de ello, si expulsaban a todos los cananeos, les hubiera sido muy difícil cuidar de toda la tierra antes de que pudieran en realidad habitarla completamente.

Podían haber sido atacados por los demás pueblos para arrebatarles las tierras que estaban vacías. La tierra podía hacerse estéril si nadie habitaba en ella, y hubieran prevalecido los animales salvajes. Por consiguiente, Dios dijo que poco a poco iría sacando a los cananeos hasta que el poder de Israel se convirtiera grande en número hasta llenar la tierra de Canaán.

*"No los echaré de delante de ti en un año, para que no quede la tierra desierta, y se aumenten contra ti las*

*fieras del campo. Poco a poco los echaré de delante de ti, hasta que te multipliques y tomes posesión de la tierra"* (Éxodo 23:29-30).

Aunque esto tomara mucho tiempo para llegar a cumplirse, cada tribu de Israel debía batallar y expulsar a los cananeos que aún permanecían en las tierras que se les habían distribuido en la herencia.

Dios le dio la herencia de las tierras a cada tribu y les dijo que las tomaran, y Él les prometió que sacaría a los cananeos sin importar cuán fuertes eran. Fue simplemente que el resultado sería diferente de acuerdo a con cuánta fidelidad la nación de Israel creía las promesas de Dios y actuaran de acuerdo a ellas.

## El discurso de despedida de su líder Josué

Cada tribu que había recibido respectivamente su herencia, comenzó a tomar la tierra de acuerdo a su fe y fortaleza. Basados en lo que habían aprendido de parte de Josué, algunos de ellos pidieron el consejo de Dios o tuvieron alguna estrategia personal para avanzar en la tierra de Canaán cada vez más.

Había transcurrido mucho tiempo y Josué sabía que ya era una persona anciana, y que el tiempo que le quedaba de vida era realmente corto. En ese momento él sintió la necesidad de recordarle a los israelitas una vez más acerca de las promesas de Dios para que de esta manera pudieran reafirmar su fe. Así como Moisés hizo cuando iba de regreso a Dios, Josué pidió que todo Israel se reuniera; los ancianos y sus príncipes, sus jueces y sus oficiales y dio sus últimas palabras.

Su discurso final se encuentra escrito a partir de Josué 23:1 en adelante. En resumen, él les estaba diciendo que guardaran los mandamientos de Dios, se mantuvieran cerca de Él y que lo amaran sin cambiar de parecer.

*"Esforzaos, pues, mucho en guardar y hacer todo lo que está escrito en el libro de la ley de Moisés, sin apartaros de ello ni a diestra ni a siniestra; para que no os mezcléis con estas naciones que han quedado con vosotros, ni hagáis mención ni juréis por el nombre de sus dioses, ni los sirváis, ni os inclinéis a ellos. Mas a Jehová vuestro Dios seguiréis, como habéis hecho hasta hoy"* (Josué 23:6-8).

Hasta ese momento Dios estaba con Josué y le dio a Israel victorias asombrosas. Dios les prometió que Él vencería sobre todos los enemigos, sin importar cuán fuertes fueran, y le dio a la nación de Israel toda la tierra de Canaán si ellos amaban a Dios, se aferraban a Él y guardaban Sus mandamientos.

*"Un varón de vosotros perseguirá a mil; porque Jehová vuestro Dios es quien pelea por vosotros, como él os dijo. Guardad, pues, con diligencia vuestras almas, para que améis a Jehová vuestro Dios"* (Josué 23:10-11).

Además, Josué también les recordó una vez más concerniente a asociarse con los gentiles y las consecuencias de la apostasía en la fe, olvidarse de las promesas de Dios y el adorar ídolos.

*"Porque si os apartareis, y os uniereis a lo que resta de estas naciones que han quedado con vosotros, y si concertareis con ellas matrimonios, mezclándoos con ellas, y ellas con vosotros, sabed que Jehová vuestro Dios no arrojará más a estas naciones delante de vosotros, sino que os serán por lazo, por tropiezo, por azote para vuestros costados y por espinas para vuestros ojos, hasta que perezcáis de esta buena tierra que Jehová vuestro Dios os ha dado"* (Josué 23:12-13).

## Un momento solemne de resolución en Siquem

Finalmente Josué reunió al pueblo en Siquem , que se encontraba entre el Monte Ebal y el Monte Gerizim, donde proclamó palabras de bendición y maldición; teniendo un momento solemne de resolución.

Primeramente, Josué les recordó la fidelidad de Dios quien cumplió con todas las promesas que le hizo a Abraham, y de la grandeza de Dios quien venció las fortalezas de Egipto y siete tribus en Canaán.

Si haber servido a Jehová Dios no les parecía algo correcto, él les pidió que entonces eligieran a qué dios servirían. Una vez más demandó de parte de ellos que solo tuvieran temor de Dios y que le sirvieran con sinceridad y verdad (Josué 24:2-14). Josué pidió su determinación para abstenerse de todos los ídolos y que con fidelidad guardaran solamente los mandamientos de Dios.

*"Y si mal os parece servir a Jehová, escogeos hoy a quién sirváis; si a los dioses a quienes sirvieron vuestros padres, cuando estuvieron al otro lado del río, o a los dioses de los amorreos en cuya tierra habitáis; pero yo y mi casa serviremos a Jehová. Entonces el pueblo respondió y dijo: Nunca tal acontezca, que dejemos a Jehová para servir a otros dioses...Y Josué respondió al pueblo: Vosotros sois testigos contra vosotros mismos, de que habéis elegido a Jehová para servirle. Y ellos respondieron: Testigos somos"* (Josué 24:15-16, 22).

Cuando Josué dijo de manera firme: "pero yo y mi casa serviremos a Jehová", los hijos de Israel no dudaron en hacer una vez más un voto: "Serviremos a Jehová nuestro Dios y seremos obedientes a Su voz".

*"Entonces Josué hizo pacto con el pueblo el mismo día, y les dio estatutos y leyes en Siquem"* (Josué 24:25).

Luego de que Josué confirmó el pacto, nuevamente les enseñó los mandamientos de Dios para que sirvieran al Señor. Josué tomó una granpiedray la colocó como evidencia. Luego él envió al pueblo, cada uno a su heredad. Después de esto, Josué en seguida terminó su vida ferviente de pasión y fe a la edad de 110 años.

# Epílogo
## – Conquista de la tierra donde fluye leche y miel –

## La conquista mediante la fe, la obediencia y la devoción

Hasta este momento hemos examinado el proceso del pueblo de Israel entrando a la tierra prometida de Canaán. Dios formó una gran nación de una sola persona, y podemos ver cada paso de este proceso que fue preciso y exacto.

La historia de la conquista de la tierra de Canaán está escrita detalladamente en los cinco libros: Éxodo, Levítico, Números, Deuteronomio y Josué. En Éxodo se describe el nacimiento de Moisés y el comienzo del Éxodo en Egipto. El libro de Levítico contiene el corazón de Dios que desea que Sus hijos sean santos y se santifiquen.

El libro de Números describe acerca de la paciencia de Dios quien toleró a las personas incluso cuando fueron desobedientes y rebeldes en el desierto. Deuteronomio contiene los sermones de Moisés quien predicó la Palabra de Dios en tres momentos diferentes en la llanura de Moab. Por último, el libro de Josué contiene la historia de la segunda generación del Éxodo conquistando la tierra de Canaán con Josué, el sucesor de Moisés.

Si la historia de la conquista de Canaán puede ser colocada en una sola frase, esta sería: "Mediante la fe, la obediencia y la devoción". Pudieron obtener la tierra de Canaán cuando la vieron y marcharon hacia ella con fe.

Josué y Caleb creyeron en la promesa de Dios y se comprometieron con toda su vida. Sus actos surgieron de parte de su fe y obediencia. En ese proceso, Dios quiso que los hijos de Israel fueran santos y que se santificaran. El proceso de santificación se observa repetidamente en los pasos hacia la tierra de Canaán.

Cuando Dios llamó a Moisés la primera vez, Él le dijo que se sacara su calzado. Esto espiritualmente simboliza que él tuvo que desechar el pecado y el mal. Cuando Dios le dio Su Ley al pueblo por medio de Moisés, primeramente Él hizo que ellos se santificaran.

Cuando estuvieron a punto de cruzar el río Jordán, Dios hizo que ellos se santificaran; tuvieron que circuncidarse justo antes de que tuvieran que pelear en contra de la ciudad de Jericó. Dios quería tener hijos santificados, ya que podía caminar con ellos cuando estuvieran santificados.

*"Sed, pues, vosotros perfectos, como vuestro Padre que está en los cielos es perfecto"* (Mateo 5:48).

*"Sino, como aquel que os llamó es santo, sed también vosotros santos en toda vuestra manera de vivir; porque escrito está: Sed santos, porque yo soy santo"* (1 Pedro 1:15-16).

## La conquista de Canaán es el modelo de una vida de fe

Entonces, ¿cuál es la razón por la que los cinco libros de los sesenta y seis libros de la Biblia registran la historia acerca de la conquista a la tierra de Canaán? Se debe a que la conquista de la tierra de Canaán es un modelo que representa la vida de la fe.

Para los hijos de Israel que recién habían salido de Egipto, Dios dividió el Mar Rojo y les dio agua de una roca. Pero a medida que pasó el tiempo, Dios comenzó a requerir de ellos su propia fe. Es decir, cuando ellos estaban cruzando el río Jordán, Dios les dijo que el sacerdote debía cargar el arca del pacto y entrar al río.

Cuando conquistaron la ciudad fortificada de Jericó, Dios les dijo que marcharan alrededor de la ciudad una vez por día durante seis días. Luego debían marchar siete veces en el séptimo día y gritar en alta voz. En realidad, esto fue para ver la fe y obediencia de ellos. El proceso en el que cada tribu recibió su herencia muestra que Dios actúa de acuerdo a la medida de fe de cada uno mientras crecemos en espíritu.

La vida en la tierra es la vida de un forastero; es la continuación de batallas en contra del gobierno de las tinieblas y los espíritus malignos en el aire. Incluso si hemos recibido bendiciones debemos estar firmes en nuestro caminar, y cuando alcanzamos algo debemos también cumplir con lo que viene después. Este proceso continuará hasta que lleguemos al reino de los Cielos.

Incluso en la actualidad, Dios nos ha dado tantas promesas de bendiciones en la Biblia. El Señor Jesús también nos prometió que Él prepararía para nosotros una morada en el Cielo y que vendría a buscarnos. Por consiguiente, cualquier persona que creyera en la Palabra de Dios en la Biblia y actúa con fe, será guiada al camino próspero y bendecido. Además recibirá una mejor morada celestial en el reino de los Cielos.

Por lo tanto, aunque existan obstáculos en frente de nosotros, debemos poseer un corazón inmutable para creer y confiar en Dios completamente sin ser conmovidos en absoluto como Josué y Caleb.

Una vez que Dios nos da una promesa, debemos creerla hasta el final. No deberíamos fatigarnos ni permitir que nos volvamos perezosos, sino seguir marchando con fe hasta que obtengamos frutos substanciales.

Hebreos 3:14 dice: *"Porque somos hechos participantes de Cristo, con tal que retengamos firme hasta el fin nuestra confianza del principio"*. Tal como menciona, deberíamos tener a la Nueva Jerusalén como nuestra meta final, e incluso si vemos nuestras faltas e incluso vemos dificultades en nuestro caminar, nuestra esperanza nunca debería cambiar.

Ruego en el nombre del Señor que Dios siempre lo guíe a las bendiciones de 'leche y miel' y que eventualmente le permita disfrutar bendiciones eternas en el reino de los cielos.

## El autor:
# Dr. Jaerock Lee

El Rev. Dr. Jaerock Lee nació en 1943 en Muan, Provincia de Jeonnam, República de Corea. A sus veinte años, él padeció de una serie de enfermedades incurables durante siete años, y al no tener ninguna esperanza de recuperación, él esperaba únicamente la muerte. Cierto día, durante la primavera de 1974, fue invitado por su hermana a una iglesia, y cuando se inclinó para orar, el Dios vivo inmediatamente lo sanó de todas sus enfermedades.

Desde el momento en que el Rev. Dr. Lee conoció a Dios a través de aquella experiencia maravillosa, él ha amado a Dios con todo su corazón y sinceridad. En 1978 él recibió el llamado a ser un siervo de Dios. Clamó fervientemente a fin de entender con claridad la voluntad de Dios y llevarla a cabo por completo, y obedeció a cabalidad la Palabra de Dios. En 1982 fundó la Iglesia Central Manmin en Seúl (Corea del Sur), e innumerables obras de Dios, incluyendo sanidades o prodigios milagrosos, han tomado lugar en la iglesia.

En 1986 el Rev. Dr. Lee fue ordenado como pastor en la Asamblea Anual de la Iglesia de Jesús de Sungkyul de Corea, y cuatro años más tarde sus sermones empezaron a ser transmitidos en Australia, Rusia, las Filipinas, y otros lugares a través de la Compañía de Radiodifusión del Lejano Oriente, la Estación de Radiodifusión de Asia, y el Sistema Radial Cristiano de Washington.

Luego de transcurridos tres años, en 1993, la Iglesia Central Manmin fue denominada por la Revista *Christian World* de EE. UU. como una de las '50 Iglesias Principales del Mundo'. El mismo año el Dr. Lee obtuvo un Doctorado Honorario en Teología en Christian Faith College, Florida, EE. UU., y en 1996 obtuvo un Ph.D. en Ministerio en el Seminario Teológico de Kingsway en Iowa, EE. UU.

Desde 1993, el Rev. Dr. Lee ha tomado la batuta en el área de las misiones mundiales a través de cruzadas evangelísticas internacionales en Tanzania, Argentina, Los Ángeles, Baltimore, Hawái, y la ciudad de Nueva York en los Estados Unidos, Uganda, Japón, Pakistán, Kenia, las Filipinas, Honduras, India, Rusia, Alemania, Perú, República Democrática de Congo, Israel y Estonia.

En el año 2002, los principales diarios cristianos de Corea lo nombraron 'el evangelista mundial' por su labor poderosa en varias Grandes Cruzadas Unidas internacionales. Su Cruzada Nueva York 2006 realizada en el Madison Square Garden, el coliseo más famoso del mundo, se transmitió a 220 naciones, y durante su Cruzada Unida Israel 2009 realizada en el Centro Internacional de Convenciones de Jerusalén, él proclamó con valentía que Jesucristo es el Mesías y Salvador. Sus sermones se transmiten a 176 naciones vía satélite, incluyendo GCN TV. Fue nombrado como uno de 'Los diez líderes cristianos con mayor influencia' en el año 2009, y en el 2010 se destacó en *InVictory*, la popular revista cristiana de habla rusa y la agencia *Christian Telegraph* por su poderoso ministerio de televisión y pastorado a nivel mundial.

Hasta junio de 2014, la Iglesia Central Manmin cuenta con una congregación de más de 120 000 miembros; tiene 10 000 iglesias filiales locales e internacionales en el mundo entero, incluyendo 54 iglesias filiales locales y más de 123 misioneros que han sido comisionados a 23 países, entre ellos los Estados Unidos, Rusia, Alemania, Canadá, Japón, China, Francia, India, Kenia, y muchos más.

Hasta la fecha de esta publicación, el Dr. Lee ha escrito 92 libros, incluyendo algunos en lista de superventas de librería tales como *Gozando de la Vida Frente a la Muerte, Mi Vida Mi Fe I y II, El Mensaje de la Cruz, La Medida de Fe, Cielo I Y II, Infierno,* y *El Poder de Dios.* Sus obras han sido traducidas a más de 76 idiomas.

Sus editoriales cristianos se publican en los diarios *The Hankook Ilbo, The Chosun Ilbo, The JoongAng Daily, The Dong-A Ilbo, The Munhwa Ilbo, The Seoul Shinmun, The Kyunghyang Shinmun, The Korea Economic Daily, The Korea Herald, The Shisa News,* y *The Christian Press.*

El Dr. Lee es actualmente el líder de muchas organizaciones y asociaciones misioneras, entre ellas: Presidente de la Iglesia de la Santidad Unida de Jesucristo, Presidente de la Misión Mundial Manmin, Presidente vitalicio de la Asociación de Avivamiento y Misiones Cristianas Mundiales, Fundador y Presidente de la Junta de la Red Cristiana Mundial (GCN por sus siglas en inglés), Fundador y Presidente de la Junta de la Red Mundial de Médicos Cristianos (WCDN por sus siglas en inglés), y Fundador y Presidente de la Junta del Seminario Internacional Manmin (MIS por sus siglas in inglés).

### Cielo I & II

Una descripción detallada del maravilloso y vívido ambiente que los ciudadanos del Cielo disfrutarán en los cinco niveles del Reino de los Cielos, además de una hermosa descripción de cada uno de ellos.

### Mi Vida, Mi Fe I & II

La autobiografía del Dr. Jaerock Lee proporciona un fragante aroma espiritual a los lectores a través de su vida extraída del amor de Dios que brotó en medio de olas oscuras, un yugo frío y la mayor desesperación.

### El Mensaje de la Cruz

Un poderoso mensaje de avivamiento para todos aquellos que están espiritualmente adormecidos. En este libro encontrará la razón por la que Jesús es el único Salvador y es el verdadero amor de Dios.

### La Medida de Fe

¿Qué tipo de lugar celestial y qué tipo de corona y recompensas están preparadas para usted en el Cielo? Este libro proporciona la sabiduría y guía para que usted mida su fe y cultive una fe mejor y más madura.

### Infierno

Un sincero y ferviente mensaje de Dios para toda la humanidad. ¡Dios desea que ningún alma caiga en las profundidades del infierno! Usted descubrirá una descripción nunca antes revelada de la cruel realidad del Hades y del Infierno.

www.urimbooks.com

www.ingramcontent.com/pod-product-compliance
Lightning Source LLC
Chambersburg PA
CBHW061733120626
46550CB00005B/1783